KB093244

인간소외의 성찰

인간소외의 성찰

전 경 갑

Reflections
on Human
Alienation

푸른사상
PRUNSASANG

그대는 시냇가에
깊이 뿌리내린 나무가
철따라 열매를 맺으며,
그 잎사귀가 마르지 아니함 같으니,
그대가 뜻하는 모든 일이
만사형통하리로다.
(시편 1 : 3)

이 책은 인간소외에 관한 9가지 성찰을 다룬 것이다. 제1장은 결국, 신(神) 앞에 홀로 서야 할 인간에 대한 키르케고르(Kierkegaard)의 실존적 성찰이다. 그가 신 앞에 홀로 선다는 것은 구원이 그냥 주어지는 것이 아니라 공포와 전율이 수반된 어려운 결단을 통해서만 가능하다는 것이다. 공포와 전율이 수반된 결단을 통해서 비로소 신 앞에 설 수 있다는 주장을 설득력 있게 해명하기 위해, 키르케고르는 아들 이삭을 잡아 산제사를 드리라는 하나님의 명령에 아브라함이 무조건 순종함으로써 신앙의 도약을 이룩할 수 있었다는 창세기의 아케다 설화를 사례로 들었다.

신앙이 있으신 분들은 창세기의 아케다 설화가 상징하는 두려움과 떨림이 수반된 실존적 결단을 통해서 비로소 신 앞에 설 수 있다는 뜻을 이해하기 쉬울 것이다. 그러나 신앙이 없는 분들은 '마음이 가난한 자가 복이 있다'는 속담처럼, 자신의 자아실현과 초월을 위해 몰두해야 할 자기 고유의 소명과 역할에 집중하는 삶의 자세가 곧 신 앞에 홀로 서는 삶이라고 생각하는 것이 타당할 것이다. 따라서 키르케고르가 소외(疏外)라고 부르는 것은 사람마다 자신의 십자가라 할 수 있는 고유한 소명과 역할이 있는데, 여기에 몰두하지 않고, 자신의 고유성과 개별성을 망각할 정도로 익명적 평균인으로 살아가는 동조적 삶을 뜻한다.

제2장에서는 소외된 타자가 곧 하나님이라는 레비나스(Levinas)의 독특한 윤리론을 검토한다. 그는 출애굽기(22 : 21~22)에 나오는 이방인, 고아, 과부를 소외된 타자의 구체적 사례로 제시한다. 이방인은 기존 체제하에서 소속감이 없는 사람이고, 고아는 부모가 없는 사람이고, 과부는 남편이 없는 사람이기 때문에, 레비나스가 타자라고 생각하는 사람은 삶에 필요한 어떤 것이 결핍된 사람을 뜻한다. 그래서 국적이 없는 난민도 타자이고, 금수저가 없는 보통 사람도 타자이며, 돈이 없는 빈민도 타자라고 생각할 수 있다.

레비나스의 윤리론은 이러한 사회적 타자나 국외자(局外者)를 우리가 주인으로서 환대하거나, 타자의 볼모가 된 것처럼 타자에게 복종함으로써 타자가 소외감을 극복할 수 있도록 도와야 할 책임감을 강조하는 탈소외이론이다. 그러나 현실적으로 내가 가진 모든 것을 어려움에 처한 타자에게 양보하고 타자에게 복종하듯 희생해야 하기 때문에 레비나스의 윤리는 구체적으로 실천하기는 참으로 어렵다. 그럼에도 불구하고 레비나스는 참된 신앙은 신(神)이 존재하느냐 존재하지 않느냐의 문제가 아니라, 이웃에 있는 소외된 타자를 아무 대가 없이 돕고 사랑하는 것이 참

인간소외의 성찰

으로 가치 있는 일이라고 믿는 것이라고 주장하면서 소외된 타자를 위한 윤리적 실천을 강력히 촉구한다.

제3장은 인간이 곧 신(神)이라는 포이어바흐(Feuerbach)의 인간중심적 기독교 비판을 통해서 종교적 소외의 심각성을 성찰하는 데 그 목적이 있다. 포이어바흐는 "하나님이 자기 형상대로 인간을 창조하셨다"는 성경 말씀(창세기 1 : 27)의 부당성을 지적하고, 이를 "인간이 자신의 이미지에 따라 신을 창조했다"는 합리적 주장으로 전도한다. 앞 명제는 주어부터 구체성이 없는 매우 추상적인 것이기 때문에, 이를 "인간이 신을 만들었다"는 구체적 주어로 시작하는 명제로 뒤집은 것이다. 추상적 주어를 구체적 주어로 뒤집었다는 의미에서 이러한 전도를 유물론적 전환이라 부르고, 신중심적 사고를 인간중심적 명제로 바꾼 것이기 때문에 인간학적 전환이라고도 부른다.

인간생명은 유한하기에 영원을 동경하고, 인간이성은 유한하기에 전지전능을 열망하고, 인간은 쉽게 타락하기에 지극히 숭고함을 동경한다. 영원함, 전능함, 숭고함은 모든 인간에 공통된 열망인 유적본질이고, 인간의 이러한 보편적 열망을 어떤 초월적 존재에게 투사한 것이 신 혹은 종교의 본질이다. 이와 같이 종교의 본질은 인간 자신임에도 불구하고, 인간이 자신의 유적본질을 상징적으로 표상화한 신을 스스로도 닿을 수 없는 저 높은 피안에 자리매김하여 그 앞에 노예처럼 무릎을 꿇고 절대시하면 할수록 우리는 더욱 깊은 소외에 빠지게 된다는 것이다.

제4장에서는 헤겔로부터 논리적 엄밀성을 이어받고 포이어바흐에서 구체적 방법론을 계승한 마르크스(Marx)의 소외론을 정리한다. 따라서 마

르크스의 사상은 아주 구체적인 문제를 엄밀한 논리로 전개하는 것이 그 특징이다. 우선, 헤겔은 소외를 긍정적인 개념으로 생각한다. 인간정신이 대상 의식, 필사적 투쟁 단계의 의식, 주인과 노예 단계의 의식, 스토아적 의식 등 여러 단계를 거쳐 모든 것을 합리적으로 접근하는 이성의 경지까지 이르게 되는 정신의 자기발전을 가능하게 하는 원동력이기에, 소외는 자아실현의 필수적 과정이고 긍정적인 창조의 과정이라는 것이다. 예컨대, 배가 고프니 저 생선 잡아먹어야겠다는 생각은 대상 의식이고 식욕의 긍정이다. 그러나 그대로 삼키다가 식도가 막혀 죽게 될지도 모르니 그대로 먹지 않아야겠다고 생각하면 이는 식욕의 부정이고 이때 우리는 엄청난 소외감을 느끼게 된다.

이것이 계기가 되어, 우리의 식욕을 거부하는 대상의 자립성은 제거하면서, 우리에게 필요한 단백질, 미네랄 등 영양소는 보존하는 매운탕 같은 요리를 만들어 먹는 것은 부정의 부정이고, 요리법이나 식품공학을 발전시키는 것은 물론 매운탕 맛에 감탄하는 가족들의 만족스런 표정을 보면서 주부는 자부심을 느끼게 된다. 헤겔이나 마르크스는 이러한 활동 과정을 객관화 혹은 외화라 부르고, 이를 소외와 같은 뜻으로 사용한다.

헤겔은 이러한 객관화(objectification)나 외화(externalization)가 자아실현에 이르는 긍정적 과정이라고 본다. 오늘날의 소외 개념과 대조적으로 헤겔은 객관화나 외화 혹은 소외가 자아실현의 과정이고 긍정적 창조의 과정이라는 점에서 소외를 긍정적 과정으로 본다. 마르크스는 헤겔의 노동 개념이 현실적 노동이 아니라 사유 속의 노동이고, 구체적 노동이 아니라 추상적 노동이라고 비판한다. 소외의 극복도 사유 속에서 이루어지는

인간소외의 성찰

탈소외일 뿐 현실적 탈소외가 아니라는 것이다.

헤겔은 노동을 통한 객관화가 자아실현에 기여한다고 보나, 마르크스는 자본주의적 생산양식하에서 노동을 통한 객관화나 외화는 긍정적이라기보다는 노동자를 소외시키는 부정적 활동으로 전락한다고 본다. 뿐만 아니라, 마르크스는 비인간화와 소외의 원인은 개인의 나약한 심성 때문이 아니라 정의롭지 못한 사회구조에 있다고 본다. 마르크스는 자본주의적 생산양식이 전개되는 과정에서 누적되는 기본 모순이 한계상황에 이르게 되면 그 다음 생산양식으로 이행될 수밖에 없는 역사 발전의 필연적 법칙성이 있고, 이러한 법칙성에 따라 구조적 변혁이 일어나면 소외극복이 가능하다는 낙관적 역사관을 견지하고 있다. 그러나 오늘날의 현실은 마르크스의 역사법칙과 다른 측면도 있기 때문에, 4장의 후반부에서는 마르쿠제의 수정된 소외론을 소개한다.

제5장은 소비자본주의 사회에 대한 보드리야르(Baudrillard)의 기호학적 성찰을 검토한다.

인간 상호간의 관계가 마치 상품 상호간의 관계인 것처럼 전도되는 현상을 마르크스는 상품의 물신성(fetishism) 현상이라고 명명하였다. 이는 사람들 간의 관계가 사물들 간의 관계로 보이는 현상을 뜻하는 루카치의 사물화(reification) 개념처럼 모두 인간소외를 뜻하는 개념들이다. 보드리야르는 이러한 소외 개념을 기호학적으로 수정 발전시킨 특수한 소외이론을 제기한다. 그에 따르면, 오늘날의 소비문화는 상품의 사용가치보다는 기호가치(sign value)를 더 중요시한다. 상품에 체현된 기호가치는 사회적 신분이나 명성의 차이 같은 사회적 차별화를 상징하는 기호를 뜻하고, 기호가치의 선호는 결국 타인의 인정을 받고 싶은 인정욕망이다. 승용차의 운송기능은 큰 차이가 없으나, 구매할 승용차의 브랜드를 차별화하고 싶은 욕망에는 끝이 없다.

오늘날의 소비는 개인이 선택하고 향유하는 것이 아니라, 사회적으로 코드화된 기호체계에 동조할 수밖에 없도록 유혹하고 강요하는 사회적 차별화의 논리에 순응하는 것이다. 유혹의 주체는 개별적 인간도 아니고 거대기업과 광고매체 그 자체도 아니고, 끊임없이 가치 증식을 추구하는 자본의 운동법칙이고, 보드리야르의 표현을 따르면 "시장경제의 구조 그 자체"이자 인간의 이미지까지도 팔고 사는 "악마와의 계약구조 그 자체"(1998 : 190)라는 것이다. 그래서 보드리야르는 『소비의 사회』 결론에 "현대의 소외 또는 악마와의 계약의 끝"이라는 제목을 붙이면서, 악마에게 자신의 거울 이미지를 팔아 부와 향락을 얻은 학생의 이야기를 다룬 〈프라하의 학생〉이라는 영화 이야기로 소비사회에 만연된 인간소외 현상을 적나라하게 비판한다.

제6장은 소외된 주체 구성에 대한 라캉(Lacan)의 정신분석학적 성찰을 소개한다. 라캉에 따르면, 생리적 욕구 중에서 언어로 표현할 수 없을 정도로 문화규범에 어긋나는 원초적 욕구는 의식의 심층적 저변으로 억압되어 무의식적 욕망을 이룬다. 그는 이를 언어 구사에 수반된 존재의 사라짐이라고 한다. 이는 언어가 곧 분열된 주체를 구성하고 소외를 심화시키는 핵심지형이라는 것이다.

무의식적 욕망은 언어적 검열 때문에 형성된 것이다. 달리 말해서, "내가 바라는 것"과 "나에게 허용된 것" 사이에 깊은 바다와도 같은 심연이

가로막혀 있다는 것이다. 바로 이러한 결핍과 공허함(void) 때문에 인간은 존재론적으로 결핍된 존재이고, 그래서 우리의 욕망은 만족을 모른다. 샌드위치를 요구하는 아이에게 샌드위치를 주면 다시 사탕과자를 요구하고, 사탕과자를 주면 이젠 장난감을 요구한다. 요구하는 장난감을 사다 주면 다시 새로운 장난감을 요구한다. 이러한 끝없는 불만족은 결국 언어적 요구로 담아낼 수 없는 욕망 때문이다. 끝없는 욕망은 뉴스에 연일 보도되는 것처럼 어른도 마찬가지다. 인간욕망은 만족할 수 없는 욕망이다. 그러나 우리는 흔히 욕망하던 대상을 소유하면 만족할 수 있으리라는 덧없는 환상에 빠지는 것처럼, 우리의 욕망은 의미작용의 연쇄에 따라 끊임없이 미끄러지는 환유와도 같다. 라캉은 욕망의 이러한 역동을 '오브제 프티 아(objet petit a)'라는 어려운 용어로 설명한다.

'오브제(objet)'는 대상이고, '프티 아(petit a)'는 작은 타자를 뜻한다고 한다. 결국, 라캉 정신분석의 핵심 개념인 '오브제 프티 아'는 인간 욕망의 고정된 대상은 없다는 것이고, 욕망의 본질은 어떤 대상을 지향한다기보다는 오히려 존재론적 결핍과 심연 혹은 공허를 채울 수 있다는 끝없는 환상이라는 뜻이다.

제7장에서는 동일자와 타자의 대립에 관한 데리다(Derrida)의 해체적 성찰을 논의하려고 한다. 그의 해체철학은 서양의 철학적 전통에 대한 비판이다. 서양철학을 근원주의, 로고스중심주의, 음성중심주의 혹은 현전의 형이상학이라고도 하나, 이 모든 개념에 공통된 문제점은, 데리다가 보기에, 근거 없는 이원적 대립을 상정한다는 것이다.

우리는 근거 없는 대립적 사고의 환상에 빠져 있다는 것이다. 그래서 해체적 비판은 말과 글, 신(神)과 인간, 정신과 물질, 현전과 부재, 남성과 여성, 동일자와 타자 같은 이원적 대립의 어느 한쪽에 특권을 부여해온 서열적 사고방식은 정당화될 수 없는 환상이라는 것이다. 대립항 간의 관계는 우열의 관계가 아니라 상호보완적 관계로 재개념화해야 한다. 데리다가 보기에 대립 중 어느 한쪽이 더 중요하다는 주장의 타당성을 결정할 수 없다. 예컨대, 베를린 장벽의 붕괴와 소련 사회주의 체제의 몰락을 보면서 미국의 정치철학자 후쿠야마가 자본주의와 사회주의 간의 이데올로기 대립은 끝나고 자본주의가 최종적 승리를 실현하게 되었다고 주장하는 것을 데리다는 냉소적으로 비판한다. 자유 이념을 극단화하면 평등 이념이 훼손될 수밖에 없고, 평등 이념을 극단화하면 자유 이념이 훼손될 수밖에 없기 때문에, 어느 한쪽 이념의 최종적 승리를 주장하는 것은 근거 없는 맹목적 환상이라는 것이다.

소외된 타자의 환대에 관한 데리다의 이론은 레비나스의 윤리론에서 출발하면서도 이를 해체적으로 극복한다. 해체적 극복의 원리는 역시 근거 없는 이원적 대립의 비판에 입각한 방법이다. 그는 무조건적 환대와 조건적 환대를 구별하는 포괄적 환대 이론을 제시한다.

무조건적 환대는 우리가 모르는 모든 난민, 이방인, 빈민, 노숙자 같은 소외된 사회적 타자에게 모든 것을 조건 없이 베푸는 환대를 뜻한다. 이와 대조적으로, 조건적 환대는 환대받을 만한 사람인지 아닌지 조건을 따져서 수용하는 환대를 뜻하고, 예컨대, 이민 혹은 난민의 자격을 심사하는 경우에 우리 사회의 관행과 규칙을 존중하고 따를 만한 사람들만 선택해서 수용하는 경우를 조건적 환대라 한다. 무조건적 환대와 조건적

인간소외의 성찰

환대는 근본적으로 다르지만, 그럼에도 불구하고, 데리다는 양자를 상호 의존적 관계로 본다. 무조건적 환대는 조건적 환대를 통해서 수정 가능하면서 현실성을 갖게 되고, 조건적 환대는 무조건적 환대를 통해서 완성가능성을 지향하게 되는 상호의존적 관계라는 것이다. 따라서 무조건적 환대와 조건적 환대는 서로 모순되고 이율배반적이면서도 서로 분리될 수 없는 상호의존적 관계이기 때문에, 어느 쪽이 더 중요한가를 결정할 수 없다는 것이다.

제8장은 합리성과 모더니티의 역설에 대한 베버(Weber)의 사회학적 성찰을 회고하려고 한다. 이성과 주체 및 진보를 그 핵심이념으로 하는 계몽주의 사조가 모더니티의 특징이다. 모더니티는 경제적으로는 산업혁명의 꽃을 피워 자본주의 경제제도를 출현시키고, 정치적으로는 시민혁명을 거쳐 민주적 국가권력을 탄생시켰다. 베버는 이러한 모더니티의 진원지가 종교적 생활윤리의 문화적 합리화에 있다고 보았다.

문화적 합리화는 원래 문화적 가치영역들이 그 영역 고유의 논리에 따라 자율적으로 분화 발전하는 경향이었으나, 자본주의의 발전과 함께 과학과 테크놀로지에 체현된 목적 합리성이 다른 영역에 폭넓게 침투하였고, 목적합리성이 제도화된 것을 관료주의라고 한다. 현대사회가 능률성을 높이기 위해 불가피하게 합리화 추세, 관료제적 조직화의 추세로 치닫고 있으나, 현대인은 자신이 만든 관료조직의 톱니바퀴 속에 구속되어 자유를 상실하고 인간적 삶의 의미를 상실하게 된 것이다. 이는 인간이 만든 제도가 인간 위에 군림하여 인간을 억압하게 된 문명의 역설이고, 기술적 효율성의 관점에서 추구한 합리화가 인간적 존엄성의 관점에서는 비합리적 결과를 수반할 수밖에 없는 모더니티의 역설이라는 것이다. 베버의 목적합리성은 루카치의 사물화, 마르크스의 상품의 물신숭배와 유사한 소외 개념이다.

제9장에서는 도구적 관계의 확산에 대한 부버(Buber)의 규범적 성찰을 통해서 현대사회에 만연된 인간소외를 극복하는 방안을 탐색하고자 한다. 그는 우리가 대상과 관계하는 두 가지 태도를 구별한다. 하나는 나-그것의 관계이고, 다른 하나는 나-너(I-Thou)의 관계이다. 전자는 도구적 관계이고, 후자는 상호존중하는 진정한 만남의 관계를 뜻한다. 전자는 독백의 관계이고, 후자는 대화의 관계이다. 전자에서 나는 타자와 분리되어 있으나, 후자에서 나는 타자와 전인적으로 결합되어 있다. 내가 타인을 도구로 이용하려고 하면, 타인도 나를 도구로 이용할 것이고, 결국 우리 모두가 도구적 혹은 사물적 존재로 전락하게 되어 소외가 만연된 사회가 되는 것이다. 상호존중하는 진정한 관계를 복원하는 것을 탈소외 혹은 소외의 극복이라고 본다.

편의상 나-그것(I-It)의 관계는 인간과 사물 간의 관계이고, 나-너의 관계는 인간간의 인격적 관계라고 생각할 수 있으나, 이러한 해석은 부버의 진정한 의도와는 상당한 거리가 있다. 부버는 인간과 자연 사이에서도 나-너의 관계 못지않는 진정한 교감이 형성될 수 있다고 보기 때문이다. 다시 말해서, 인간과 사물의 관계도 때로는 나-그것의 관계를 넘어 나-너의 관계로 도약할 수 있다는 것이다. 지성이면 감천이라는 우리의 옛말처럼, 무슨 일이든 지극정성으로 하면 사물도 우리에게 응답한다는 것이다. 예컨대, 내가 심연을 집중해서 응시하면, 심연도 나를 응시한다거나, 나는 대리석을 그냥 돌이라고 생각하지 않고, 그 속에 천사를 보았고 그 천사가 자유로워질 때까지 혼신의 열정으로 조각을 계속했다는 미켈란젤로의 명언에서도 우리는 내재적 가치에 몰두하는 활동을 통해서 인간과 자연, 인간과 사물 사이에도 나–너의 관계와 다를 바 없는 진정한 울림이나 만남이 실현된다는 사실을 직감할 수 있다. 이 말은 우리가 타인을 진심으로 존중하면 상호존중하는 진정한 만남의 관계를 복원하게 되고, 결국 현대사회에 만연된 도구적 관계와 소외를 극복할 수 있는 새로운 지평을 열어갈 수 있다는 은유와 다를 바 없다.

이제, 감사의 인사를 드리고자 한다. 이 책이 나오기까지 여러 가지로 도움을 주신 분들에게 감사드린다. 이 책의 내용은 1987학년도 2학기부터 2019학년도 1학기까지 부경대학교 교양과목으로 개설된 「현대사회사상」 교재 준비의 과정에서 조금씩 축적된 것이다. 따라서 필자는 이 강좌를 거쳐간 수많은 제자들이 베풀어준 관심과 배려에 대하여 이 자리를 빌어 감사의 말을 하고 싶다. 이 책의 참고문헌과 색인 정리 및 윤문을 비롯해서 여러 가지로 자료 준비를 도와준 충남대학교 국어국문학과 박재희 교수에게도 고마움을 전한다. 그리고 부족한 점이 많은 이 책의 출판을 기꺼이 맡아주신 푸른사상사 한봉숙 대표님께 특별한 감사를 드리고, 수고하신 편집부원들께도 감사의 인사를 드린다.

2019년 가을
지은이 전경갑

차례

제9장 도구적 관계의 확산에 대한
부버의 규범적 성찰

신 앞에 홀로 서야 할 인간에 대한
키르케고르의 실존적 성찰

Soren
Kierkegaard

키르케고르에서 진정한 자아는 신 앞에 홀로 선 신앙의 주체다.

참된 자아는 주관성이므로, 주관성을 상실한 삶이 소외된 삶이다.

사소한 일은 남의 도움을 받을 수 있으나, 참으로 중요한 일은

혼자 짊어져야 할 나의 십자가이고, 이를 회피하지 않는 자세가 곧

신(神) 앞에 홀로 선 진정한 실존이다. 인생은 결국 혼자라는 것이다.

1

특수한 소외 개념

소외 현상은 옛날부터 있었겠지만 소외 개념은 19세기에 헤겔이 『정신현상학』에서 처음으로 이론화하였다. 헤겔의 추상적 소외 개념을 마르크스가 『경제적 철학적 초고』와 『독일 이데올로기』에서 비판적으로 이어받아 구체적 소외 개념을 발전시켰다. 그래서 헤겔과 마르크스의 소외이론은 소외론의 이론적 뿌리이기 때문에 전통적 소외 개념이라 할 수 있다. 키르케고르의 소외 개념은 헤겔과 마르크스의 소외이론과 전혀 다르기 때문에 우선 특수한 소외 개념이라는 표현을 사용하였다. 키르케고르의 소외 개념이 특수하다는 것은 헤겔의 소외 개념과 비교해보면 명확해지기 때문에, 우선 헤겔의 소외 개념부터 소개하고자 한다. 특히 키르케고르 당시의 덴마크 철학은 헤겔 철학이 압도적으로 지배했기 때문에, 키르케고르의 소외론은 헤겔의 소외론과 비교하는 것이 이해에 도움이 된다.

헤겔 철학체계의 중요한 특징 중 하나는 윤리를 보편성으로 정의한다.

그래서 개별 인간이 따라야 할 최고의 윤리적 준칙은 보편 속에 스스로를 통합시키는 것이다. 다시 말해서, 전체의 공익과 통합을 위해 개인적 욕망이나 야심 같은 것은 버려야 한다는 것이 헤겔의 관점이다. 보편성의 일부로 통합되는 것이 절대정신의 전지전능한 관점을 내면화하는 유일한 방법이라는 것이다. 따라서 헤겔은 가정이든 학교든 혹은 직장이든 자기가 소속된 조직이나 사회에 일체감을 느끼지 못하는 심리상태를 소외(alienation)라고 본다. 소속된 조직이나 사회에 일체감을 회복하게 되면 소외를 극복했다고 하고, 소외의 극복을 탈소외(dealienation)라고도 부른다. 내가 소속된 사회가 추구하고 강조하는 규범이나 가치가 나에게는 무의미하다고 느낀다면, 나는 그 사회에서 소외된 상태라는 것이다. 따라서 헤겔의 소외 개념은 사회적 통합에 반대되는 과정을 뜻하는 개념이다. 소외는 사회의 유기적 통합을 파괴하고 공동체와 그 공감적 삶을 해체시키는 것과 다를 바 없다는 것이다(Lavine, 1984 : 250). 그래서 헤겔은 정치적 사회적 개인주의를 심각한 소외의 징후로 본다.

키르케고르(Soren Kierkegaard : 1813~1855)에게 진정한 삶은 내가 소속된 조직이나 사회에 일체감을 느끼고 통합되는 것보다는 오히려 나의 고유한 특성과 개성적 삶을 갈고닦고 발전시키는 삶을 뜻한다. 키르케고르의 관점에서 진정한 삶 곧 실존은 신(神) 앞에 홀로 서는 단독자를 뜻한다. 신앙이 있는 분에게는 신 앞에 홀로 서는 단독자가 어떤 사람인가가 명백하다. 신앙이 없는 분에게 신 앞에 홀로 서는 단독자는 자신이 감당해야 할 십자가를 짊어지고 거기에 최선을 다하는 삶이다. 내가 가장 소중하게 생각하는 일에 몰두하는 삶이 키르케고르가 강조하는 신 앞에 홀로

서는 단독자의 모습이다. 따라서 단독자는 보편성보다 특수성, 전체보다 개체, 객관성보다 주관성, 외면성보다 내면성을 중요시한다. 특히 키르케고르는 개인이 전체의 일부로 통합되어야 한다는 헤겔의 전체론적 관점을 단호히 거부한다. 전체성을 강조하는 헤겔과 대조적으로 키르케고르는 인간존재의 실존적 고유성과 개별성을 중요시한다.

키르케고르도 현대사회에 소외가 만연되었다고 개탄하지만, 그가 소외가 만연되었다는 것은 현대인이 공동생활에 잘 융화되지 못하는 것을 지적하는 것이 아니라, 개별성을 망각할 정도로 사회에 너무 잘 융합되는 현실을 개탄하는 것이다. 종교적으로 세례도 받고 주일마다 교회에 열심히 다니면서도 십자가를 지고 묵묵히 고난을 겪은 그리스도의 정신과는 전혀 실천적 만남이 없이 세속의 권력과 명예만 추구하던 당시 성직자들과 그들의 형식적 신앙을 키르케고르는 심각한 종교적 소외로 본 것이다(MacGregor, 2017 : 243). 따라서 키르케고르가 소외라고 부르는 현상은 사람마다 자신의 십자가라 할 수 있는 고유한 소명에 충실하기 보다는 오히려 고유성과 개별성을 망각할 정도로 사회에 완전히 통합되어 익명적 인간으로 살아가는 비본래적 삶을 지칭하는 것이다.

따라서 우리가 키르케고르적 소외를 극복하기 위해서는 여러 대안들 중에서 나 자신의 꿈을 실현하는 데 필요하다고 생각하는 것을 뚜렷한 주관을 가지고 의식적으로 선택해야 한다. 현실적으로는 개인의 고유성과 특수성이 사회의 구조적 요구에 의해 흔히 억압되기도 하나, 키르케고르는 개인이 자신만의 고유한 개별성과 가능성을 상실할 정도로 사회적 요구에 쉽게 동조하는 일반적 관행을 심각한 소외의 징후로 본다. 그는 사회적 관계를 과감히 초월하고 하나님과 내면적이고 절대적인 관계를 형성하려고 노력하는 사람만이 신의 은총을 통해서 보다 높은 수준의 자아를 실현할 수 있다고 본다. 신과 절대적 관계를 형성하기 위해서는 단독자의 관점에서 선택해야 하는 것이다. 이러한 선택에서 내가 의존할 수 있는 외부적 권위는 없기 때문에 주관적 선택과 결단에 단호해야 한다. 나의 인간적 특성이나 본질이 선택을 결정하는 것이 아니라, 선택을 통해서 나의 인간적 특성이나 본질이 결정되기 때문에 실존이 본질에 선행한다는 것이다(Matson, 2000 : 549).

2
역설과 실존의 변증법

쇠렌 키르케고르는 1813년 덴마크의 수도 코펜하겐에서 자수성가한 사업가의 7남매 중 막내로 태어났다. 키르케고르의 우울증, 불안, 종교적 성향에 깊은 영향을 끼친 그의 아버지와 그 가족의 특성을 참고하는 것이 키르케고르를 이해하는 데 도움이 될 것이다. 키르케고르의 아버지 미카엘 키르케고르는 두 가지 이유로 깊은 죄의식을 가진 아주 우울한 사람이었다. 하나는 키르케고르의 어머니와 결혼한 일이다. 어머니는 원래 그 집안의 하녀였는데 아버지가 하녀를 유혹하여 결혼하였고, 결혼 후 두 달 만에 첫아이를 낳았다고 한다. 다른 하나는 키르케고르의 아버지가 어린 시절 유틀란트 황야에서 양치기를 할 때 심한 추위와 배고픔에 시달린 나머지 하늘에 대고 신을 저주한 일이다. 그는 이 두 가지 일로 평생 동안 죄의식을 가지고 살았다. 키르케고르의 형제자매 중 다섯 명과 어머니가 차례로 사망하는 불행한 일이 일어났는데, 키르케고르는 이를 부친의 죄 때문에 신이 내린 저주라고 생각하였고, 자신에게도 언젠가는 엄청난 불운이 닥칠지도 모른다는 불안감이 그를 괴롭혔다.

그러나 키르케고르는 1838년에 아버지가 사망하기 직전에 아버지의 도움을 받아 이러한 정신적 불안과 고통을 부분적으로 극복하고 마음을 가다듬게 되었다. 키르케고르의 아버지는 아주 우울한 성격이면서도 선천적으로 지성을 타고났고 경건한 종교적 성향을 가진 독실한 기독교 신자였기 때문에, 어릴 때부터 키르케고르는 매우 엄격한 기독교 가정교육을 받았다. 그는 17세 때 아버지의 뜻을 따라 신학을 전공하기 위해 코펜하겐대학에 들어갔다. 그동안 거의 질식할 정도로 엄격한 기독교 가정교육을 받으며 자랐던 키르케고르는 대학의 자유로운 분위기를 좋아했고, 신학보다는 철학에 더 관심이 많았다.

한편, 키르케고르는 1837년에 레기나 올센을 만나 곧 사랑에 빠지게 되었고 1840년에 약혼을 할 정도로 키르케고르와 올센은 서로를 정말 사랑했다. 그러나 1년도 채 되지 않아 명확히 밝히지 않은 이유로 파혼을 하게 되었다. 일기장에 키르케고르는 자신의 심한 우울증이 올센과의 결혼을 주저하게 만들었다는 말을 남겼으나, 그가 파혼한 정확한 이유는 알 수 없다. 키르케고르는 자신의 어두운 운명과 성격 때문에 올센을 행복하게 해줄 수 없다고 생각했던가? 올센은 나중에 슐레겔이라는 남자와 결혼하였으나, 파혼 후 키르케고르는 베를린에 5개월 체류하면서 셸링의 강의를 청강하고 귀국하여 참된 종교적 실존을 터득하는 방법에 관한 저술 활동에 몰두하면서 여생을 독신으로 살았다. 1843년부터 불과 몇 년 사이에 『이것이냐 저것이냐』(1843), 『두려움과 떨림』(1843), 『반복』(1843), 『철학적 단편』(1844), 『불안의 개념』(1844), 『사랑의 행위』(1847), 『죽음에 이르는 병』(1849), 『기독교 훈련』(1850) 등 수많은 명저를 출간하였다. 42세의 아까운 나이에 인생을 마감한 키르케고르의 짧은 삶은 보기에 따라서는 올센과의 애처로운 사랑이 역설적으로 종교적 실존으로의 비약을 앞당긴 것이나 다를 바 없다.

키르케고르에게 신(神)이 예수로 육화(肉化, incarnation)되었다는 사실은 합리적으로 설명할 수 없는 절대적 역설이었다. 이는 정신적 존재인 신이 실체적 존재인 인간으로 육화되었다는 것이고, 시공(時空)의 제약을 초월하는 신이 시공의 제약을 받는 인간의 모습으로 나타났다는 엄청난 역설이기 때문에 절대적 역설(the absolute paradox)이라는 것이다. 뿐만 아니라, 사랑하는 아들 이삭을 잡아 번제물로 바쳐야 하는 아브라함의 과제도 절대적 역설이다. 아들 이삭을 잡아 번제물로 바치라는 명령에 절대복종(infinite resignation)한 아브라함의 신앙을 우리가 존경할 수는 있어도 합리적으로 이해할 수는 없기 때문에 역설이라는 것이다. 키르케고르가 요한네스 클리마쿠스라는 가명으로 출판한 『철학적 단편』의 제3장은 바로 이 절대적 역설을 집중적으로 다루고 있다.

아들의 생명과 신의 명령 중 어느 쪽을 선택해야 하는가 혹은 올센과의 사랑과 신앙의 도약 중 어느 쪽을 선택해야 하는가라는 문제는 합리적 선택의 문제가 아니라 열정적 결단의 문제이고, 이성의 문제가 아니라 열정의 문제이고, 객관적 정답이 있는 것이 아니라 주관적으로 선택해야 할 문제이다. 헤겔의 변증법은 이것과 저것 모두를 전체 속에 통합시킬 수 있어야 한다는 논리인 데 반하여, 키르케고르의 실존적 변증법은 이것 혹은 저것 중 어느 하나를 선택하고 다른 것을 미련 없이 버릴 수밖에 없다는 것이다. 키르케고르의 실존적 변증법을 역설의 변증법, 질적 변증법이라고도 한다. 키르케고르가 보기에는 사랑하는 아들을 잡아 번제물로 바치기로 한 아브라함의 결단은 합리적 결단이라고 볼 수 없다는 것이다. 비합리적이고 신앙의 비약에 근거한 선택인 것이다. 아브라함의 경우뿐만 아니라, 둘 중 하나를 선택하고 다른 것을 미련 없이 버려야 하는 경우가 많고, 이러한 실존적 선택을 통해서 본연의 단독자로 거듭날 수 있다는 것이다.

3
심미적 삶과 쾌락 원칙

『이것이냐 저것이냐(Either/Or)』(1843)는 키르케고르가 "아이러니 개념"에 관한 논문으로 학위를 받은 후 출판한 첫 작품이다. 이 책은 두 부분으로 구성되어 있다. 1부는 심미적 삶을 다루고, 2부는 윤리적 삶에 관한 것이다. 키르케고르는 인간의 삶을 심미적 단계, 윤리적 단계, 종교적 단계 등 세 단계로 구분하고, 그의 첫 작품인『이것이냐 저것이냐』에서는 주로 심미적 단계와 윤리적 단계를 서술하고 있다. 지금은 모두 이 책이 키르케고르의 저서라고 알고 있지만, 처음 출판된 당시는 독자들이 저자의 정체를 몰랐다. 키르케고르는 자신을 숨기고 가명만 사용할 정도로 삶에 대한 자신의 가치관을 간접 전달하는 특수한 사상가였다.

이 책 1부의 저자는 "A"라는 가명으로 되어 있고, 2부의 저자로는 키르케고르 대신 "B" 혹은 "판사" 빌헬름이라는 가명을 사용했다. 그리고 이 책이 뜻밖의 큰 인기를 누리게 된 계기는 1부의 끝에 실린「유혹자의 일기(the Seducer's Diary)」였는데, 「유혹자의 일기」는 "요하네스 클리마쿠스"라는 필명의 저자로 되어 있다(Sparknotes, Kierkegaard : Either/Or, Editors, 2005 : 1). 가명을 모두 기억할 필요는 없고, 우리는 심미적, 윤리적, 종교적 단계로 도약하거나 비약하는 과정에 어떤 권태와 불안, 어떤 선택과 결단, 어떤 공포와 전율이 수반되며, 각 단계의 삶을 살아가는 데 어떤 신념과 가치관이 필요한가에 대한 나름의 성찰이 필요하다고 생각한다.

삶의 첫 단계는 심미적 단계(aesthetic stage)이다. 키르케고르가 심미적이라고 하는 것은 예술이나 아름다움에 관한 학문적 논의를 뜻하는 것이 아니고, 감성적 지각 특히 쾌락을 추구하는 삶의 태도를 지칭한다. 여기서 심미적 삶은 프로이트의 쾌락 원칙(pleasure prnciple)이 강조하는 것처럼, 욕망 충족의 현실적 여건도 고려하지 않고, 선악에 대한 도덕적 의식도 없이 오직 욕망의 충동에 따라 쾌락만을 추구하는 삶을 뜻한다. 희대의 바람둥이로 유명한 돈 주앙(Don Juan)은 모든 여성이 그에게 빠질 정도로 매력이 넘치는 남자이지만 그는 여자를 쾌락과 정복의 대상으로만 생각하고 항상 새로운 대상을 쫓아 끊임없이 방황했다. 심미적 삶은 반복을 두려워한다. 권태를 피하기 위해 항상 새로운 대상을 추구하지만 이러한 심미적 삶의 결과는 더욱 깊은 권태감(boredom)에 빠지게 된다.

『이것이냐 저것이냐』의 1부의 끝 부분에 실린 「유혹자의 일기」는 유혹자 요하네스가 순진한 처녀 코델리아(Cordelia)를 유혹해서 그녀의 마음을 설레게 한 후, 순진한 코델리아가 요하네스에게 모든 것을 바치려는 순간, 마치 돈 주앙처럼 또 다른 욕망의 대상을 찾아 홀연히 떠나버린다는 이야기다. 이 설화에 실제 저자인 키르케고르는 전혀 나타나지 않는다. 이는 자신이 저자라는 사실을 숨기기 위한 것이라기보다는 소크라테스의 산파술처럼 독자에게 질문을 제시함으로써 키르케고르 자신의 생각을 강요하지 않고 독자로부터 이러한 생각을 이끌어내는 간접 전달하는 방법을 활용하기 위한 것이다.

「유혹자의 일기」 이면에는 키르케고르가 전달하려는 두 가지 의도가 있다. 하나는 키르케고르가 정말 사랑했던 약혼녀 레기나 올센과 약 1년 전에 알 수 없는 이유로 파혼하게 된 것은 자신이 나쁜 남자이기 때문이라는 사실을 알리기 위한 것이다. 따라서 「유혹자의 일기」는 자신을 요하네스로, 레기나 올센을 코델리아로 묘사한 후, 독자가 쾌락만을 추구하는 요하네스의 심미적 삶을 비판하도록 유도하는 의도를 가진 설화라 할 수 있다. 다른 하나는 독자들에게 심미적 삶과 윤리적 삶이라는 두 가지 이질적인 삶의 방식, 두 가지 상이한 실존의 영역에 대한 성찰을 촉구하고, 주체적 결단을 촉구하기 위한 것이다.

4
윤리적 삶과 그 한계

심미적 삶은 나의 쾌감과 내가 좋아하는 것을 추구했으나, 윤리적 삶은 나의 즐거움보다는 사회적 의무감에 복종(obedience to duty)하는 삶의 자세를 뜻한다. 윤리는 사회구성원들의 행동규범을 결정하는 사회적 규칙이다. 그래서 윤리적 가치는 심미적 가치와 대체로 대립되지만, 양자가 갈등을 야기하면 윤리적 가치에 우선성을 부여한다. 다시 말해서, 윤리적 삶은 사회공익을 위해 확립된 일관성 있는 일련의 규칙에 근거하기 때문에 심미적 삶은 윤리적 삶에 종속되어야 한다. 우리는 윤리적 삶을 살면서도 여전히 심미적 삶의 쾌락을 누릴 수 있다(Sparknotes, Kierkegaard : Themes, Arguments, and Ideas, Editors, 2005 : 3).

『이것이냐 저것이냐』의 2부 저자인 B 혹은 판사 빌헬름(Vilhelm)은 1부 저자인 청년 A에게 윤리적 삶이 심미적 삶보다 최소한 두 가지 점에서 더 좋다고 설득하는 편지를 보낸다. 첫째로, 기혼자의 윤리적 삶이 유혹자(seducer)의 심미적 삶보다 더 바람직하고, 독신자의 심미적 삶보다 더

제1장 신 앞에 홀로 서야 할 인간에 대한 키르케고르의 실존적 성찰

안정적인 쾌락을 느낄 수 있다는 것이다. 둘째로, 비록 결혼관계에서 열정과 흥분은 쉽게 사라지고, 권태를 느끼기도 하고 심미적 쾌감이 약화되기는 해도, 배우자를 꾸준히 배려하는 윤리적 삶을 통해서 열정과 흥분을 능가하는 깊은 내면의 행복감을 느낄 수 있다는 것이다. 1부 저자인 청년 A뿐만 아니라 2부 저자인 빌헬름 판사도 모두 가명이기 때문에, 심미적 삶보다 윤리적 삶이 더 바람직하다는 편지의 메시지는 키르케고르의 생각을 간접 전달한 것이다.

그러나 키르케고르는 윤리적 삶에도 심각한 한계성이 있다고 본다. 윤리적 삶을 살아가는 사람들은 사회적 의무에 충실하면 행복해진다고 자부하겠지만 키르케고르의 생각은 다르다. 윤리적 삶에 충실한 사람들도 절망에 빠질 수 있다는 것이다. 윤리적 삶을 살아가는 사람들은 모범적 회사원이나 모범적 시민 혹은 모범적 군인으로서의 일반적 역할기대에는 충실하면서도 회사원 일반, 시민 일반 혹은 군인 일반과 구별되는 자기 개인의 주체성과 고유성을 개발할 책임에는 소홀하기 쉽다. 헤겔 철학에서는 개인은 사회의 윤리규범에 동화되어야 하나, 키르케고르의 실존철학에서는 개인이 사회의 윤리규범에 너무 잘 동화됨으로 인해서 자신의 주관성과 고유성의 개발에 소홀해지는 것을 심각한 소외로 본다. 헤겔에서는 보편성이 개별성에 우선하나, 키르케고르에서는 보편성보다 개별성, 전체보다 개체를 중요시한다. 윤리적 단계의 이러한 한계성을 극복하기 위해 종교적 단계로 도약한다.

5
종교적 삶과 역설

『이것이냐 저것이냐』는 심미적 삶과 윤리적 삶을 다룬 것이고, 『두려움과 떨림』혹은 『공포와 전율(*Fear and Trembling*)』은 윤리적 삶에서 종교적 삶으로 도약하는 문제를 다룬 것이다. 키르케고르는 『두려움과 떨림』을 요하네스 실렌티오(Johannes de Silentio)라는 가명으로 출판하였다. 이 가명은 침묵의 존(John of Silence)이라는 뜻이라고 한다. 『두려움과 떨림』이라는 책의 이름은 "내 사랑하는 자들아 내가 있을 때나 없을 때나 항상 복종하면서 '두려움과 떨림'으로 너희 구원을 이루어라"(빌립보서, 2 : 12)는 성경말씀에서 따온 것이다. 키르케고르는 구원은 그냥 주어지는 것이 아니라, 공포와 전율이 수반된 실존적 결단을 통해서 스스로 이루어야 한다는 것을 강조하려는 동기 때문인지는 모르나, 일반적으로는 참으로 이해하기 어려운 구약성서의 아브라함과 이삭 이야기를 사례로 모범적인 신앙이 어떤 것인가를 설명한다.

아브라함(Abraham)과 이삭의 이야기는 하나님께서 아브라함에게 "네 사랑하는 아들 이삭을 데리고 모리아 산으로 가서, 거기서 네 아들을 잡아 번제물로 바치라"(창세기, 22 : 2)는 청천벽력 같은 명령을 하시고, 아브라함은 이에 즉각 순종했다는 이야기다. 신의 명령에 복종하여 아들을 잡아 산제사를 드린다는 이 이야기를 아케다(Akedah) 설화라고도 부른다(Michau, 2005 : 1). 기독교 신자들도 아브라함의 종교적 결단을 존경할 수는 있어도 이해하기는 어려울 것이다. 아브라함은 왜 이렇게 어려운 시련을 주시느냐고 하나님께 항의도 하지 않았고, 불평을 하거나 탄식을 하지도 않았다. 그는 사랑하는 아들 이삭을 잡아 번제물로 바치라는 경악스런 명령에 엄청난 불안과 공포 및 전율을 느끼면서도, 이 사실을 아내 사라(Sarah)에게도 이삭(Isaac)에게도 말할 수 없었고, 오직 하나님의 명령에 순종했을 뿐이다. 그래서 키르케고르는 아브라함을 신앙의 아버지 혹은 신앙의 기사(the knight of faith)라는 최고의 찬사로 존경을 나타낸 것이다.

키르케고르는 비극적 영웅과 신앙의 기사의 차이를 설명함으로써 윤리적 삶과 종교적 삶이 어떻게 다른가를 강조한다. 트로이 전쟁 때 뮈케나이 왕 아가멤논(Agamemnon)은 트로이로 싸우러 가다가 아르테미스의 숲을 지나치던 중 그 숲에서 사슴 한 마리를 잡는다. 이에 격노한 아르테미스 여신이 해변에 정박한 아가멤논의 함선을 붙잡아두려고 바람을 멈추어버린다. 이제 아가멤논이 나라를 구하기 위해 할 수 있는 유일한 일은 여신의 요청에 따라 딸 이퓌게니아를 제물로 바치는 일뿐이다. 눈물을 흘리며 딸을 여신에게 바친 아가멤논은 대신 나라를 구하게 되었고, 뮈케나이 사람들은 이퓌게니아를 딱하게 여기면서도 아가멤논의 충성심에 감탄한 것이다.

"비극적 영웅(tragic hero)"은 아가멤논처럼 자신에게 소중한 것을 포기해야 하는 규범적 요청에 절대복종함으로써 윤리적 의무감에 충실한 표본을 지칭한다. 이와 달리 "신앙의 기사"는 두 가지 차원의 이중적 행동을 동시에 수행함으로써 종교적 삶의 역할모델을 실천적으로 보여주는 사람이다. 구체적으로, 이중적 행동 중 하나는 절대복종(infinite resignation)이고, 다른 하나는 그가 잃은 모든 것을 되찾는 역설 속에 신앙의 도약(the leap of faith)을 결단하는 사람이다. 비극적 영웅의 표본은 트로이 전쟁 당시의 아가멤논 왕이고, 신앙의 기사 중 대표적 인물은 아브라함이다. 키르케고르는 우리가 신앙의 기사 혹은 신앙의 아버지로 존경받을 수 있는 방법을 탐색하는 세 가지 물음을 제기한다.

첫째 물음은 윤리적 의무를 중지해야 할 정도로 고차적 목적(teleological suspension of the ethical)이 있는가를 묻는다. "윤리는 보편적이고, 보편적이기 때문에 모든 사람에게 적용된다"(Kierkegaard, 1954 : 64). 따라서 아브라함도 아들을 잘 보호해야 할 윤리적 의무를 준수해야 한다. 이와 같이 평소에는 아브라함의 목적이 윤리에 있었으나, 이삭을 바치라는 하나님의 명령을 받은 후 즉시 윤리적 목적 위에 종교적 목적을 두게 된 것이다. 윤리적 단계에서는 개별자 아브라함이 보편적 윤리에 순응하다가 "절대자에 대한 절대적 관계"(Kierkegaard, 1954 : 66)를 체험하면서 개별자의 결단이 보편적 윤리를 중지시키는 신앙의 역설이 나타난 것이다. 결국, 첫째 물음에 대해 키르케고르는 윤리적 의무를 중지해야 할 정도로 고차적 목적이 있다고 대답할 것이다. 절대자에 대한 개인의 절대적 관계, 신(神) 앞에 홀로 선 인간에게는 개별자의 절대적 복종(infinite resignation)이 보편적 윤리에 선행할 수 밖에 없지 않겠는가?

둘째 물음은 신에 대한 절대적 의무(an absolute duty toward God)가 있는가를 묻는다. 이 문제는 첫째 물음에 대한 답변에서 시작하는 것이 좋다. 윤리적 의무를 중지해야 할 정도로 고차적 목적이 있고, 이 고차적 목적(telos)은 신에 대한 아브라함의 의무이고 복종이다. 그러나 이러한 의무는 신앙을 통해 내면적으로 표현되기 때문에, 신앙의 기사가 되기 위해서는 항상 긴장하면서 언제 어떻게 역설적으로 신앙의 길에 진입할 것인가를 신 앞에서 홀로 결정해야 한다. 다시 말해서, 신앙의 역설(the paradox of faith)은 신에 대한 절대적 의무가 있다는 것을 스스로에게 다짐함으로써 가능하고, 이는 곧 개인이 절대자에게 절대적으로 관계한다는 뜻이고, 결국 신 앞에 홀로 서는 실존의 모습이다.

셋째 물음은 아브라함이 아들을 잡아 산제사를 드려야 하는 엄청난 일을 아내 사라나 아들 이삭 등 아무에게도 알리지 않은 것이 과연 정당화될 수 있는가를 묻는 물음이다. 아브라함은 아무도 이해할 수 없는 일이니 말하지 않았고 말할 수 없었다. 내면에는 고뇌와 번민이 깊었다. 알림(disclosure)은 보편성과 관련된 것이고, 숨김(hiddenness)은 단독자와 관련된 것이다. 아브라함은 보편에서 격리된 단독자 혹은 신 앞에 홀로 선 단독자로서 행동했다. 누구도 그의 신앙의 열정을 이해할 수 없는 것이다. 『두려움과 떨림』의 마무리 부분에서 키르케고르는 "신앙은 인간의 가장 높은 열정"이고, 이러한 열정은, 윤리적 삶을 통해서가 아니라, 하나님과의 내면적 만남을 통해서 비로소 일깨워지는 것이라고 했다(Kierkegaard, 1954 : 131).

제2장

소외된 타자가 곧 하나님이라는
레비나스의 윤리적 성찰

Emmanuel Levinas

레비나스는 참된 신앙은 신이 존재하느냐 존재하지 않느냐의
문제가 아니라, 이웃에 있는 소외된 타자를 아무 대가없이 돕고
사랑하는 것이 참으로 가치 있는 일이라고 믿는 것이라고 주장하면서
소외된 타자 혹은 국외자를 위한 윤리적 실천을 강조한다.

1
대표작과 소외 문제

프랑스의 철학자 레비나스(Emmanuel Levinas : 1906~1995)는 20세기의 가장 독특한 철학자요 윤리학자로 유명하다. 그는 1906년 리투아니아 카우나스의 유대인 가정에서 태어나 어린 시절부터 히브리어 성경을 읽고 도스토옙스키, 톨스토이, 푸시킨 같은 러시아 문학을 폭넓게 읽었고, 이러한 독서가 그의 윤리사상에 큰 영향을 미쳤다. 1923년 열일곱 살 때 프랑스에 유학하여 스트라스부르대학에서 철학을 공부하였다. 1928~29년에는 독일 프라이부르크대학에서 후설과 하이데거의 현상학을 배웠다. 레비나스는 1930년에 프랑스 스트라스부르대학에서 「후설 현상학에서 직관 이론」이라는 논문으로 박사학위를 받고 프랑스에 귀화한다. 그 후 여러 해에 걸쳐 그는 후설과 하이데거의 현상학을 프랑스에 소개하는 역할을 하였다. 이 논문과 1947년에 낸『존재와 존재자』에서는 현상학의 영향이 뚜렷하다.

철학자로서 그의 활동은 2차 세계대전 이후에 시작된다. 그의 철학적 경향은 전쟁 동안 그가 겪은 경험들에 의해 직접적으로 영향을 받는다. 그의 가족들은 유대인 학살 과정에서 희생된다. 레비나스 자신은 프랑스 군인으로서 전쟁포로로 독일에서 강제노동을 했으며, 그의 부인과 딸은 그가 돌아올 때까지 프랑스의 한 수도원에서 지냈다. 이러한 경험 때문에 그는 하이데거가 나치즘에 연루되었을 때 그때까지 하이데거에 대한 열렬한 지지를 철회하고 그를 신랄하게 비판하면서, 존재론을 능가하는 독창적인 윤리학을 구성한다. 레비나스는 서양철학을 지배하는 전체성 개념과 전쟁 중에 자행되는 반인륜적 만행 사이에는 긴밀한 관계가 있다고 본다(1979 : 24). 전통적으로 서양철학은 헤겔의 절대정신이나 하이데거의 존재(Being) 같은 하나의 궁극적 근원에 입각하여 다양한 모든 현상을 획일적으로 설명하는 전체성의 철학이고, 전체성의 철학은 이질성과 다양성을 억압하며 개체성을 말살하기 때문에 서양철학의 전체론적 사고는 극복되어야 한다는 것이다(Levinas, 1979 : 45). 레비나스의 첫째 대표작은 『전체성과 무한』(1979/1961)이고, 두 번째 대표작은 『존재와 다르게』(1981/1974)이다.

『전체성과 무한』(1979/1961)은 "전체성과 무한" 그리고 "동일자와 타자"라는 이중의 주제를 중심으로 전개된다. 여기서 전체성(totality)의 추구는 동일자(Same)의 특성이고, 무한(infinity)의 이념은 타자(Other)의 특성이다(Peperzak, 1993). 우선, 전체성 혹은 전체화는 서양철학의 지배적 경향을 뜻한다. 동일자에 의해 작동되는 전체화의 과정은 타자의 소리를 억압하기 때문에 폭력적 사고방식이다. 레비나스는 서양철학을 지배하는 전체성 개념과 전쟁 중에 자행된 반인륜적 만행 사이에 긴밀한 관계가 있고

(Levinas, 1979 : 24), 그래서 전체성 철학이 풍미하는 사회는 진정한 삶이 없다는 것이다.

이는 사회적 약자이면서 국외자로 소외된 타자를 억압하기 때문에 현대사회에 "진정한 삶이 없다"는 것이다(Levinas, 1979 : 33). 지배종속이 만연된 사회이고 특히 타자의 소외가 만연된 사회이기 때문에, 『전체성과 무한』의 첫머리에서부터 레비나스는 이제 철학의 기본 관점을 소외된 타자 중심으로 전환해야 한다는 것을 밝힌 것이다. 타자의 우선성을 요청하는 것이 레비나스 윤리학의 특징이다. 타자는 전체화의 제약을 끊임없이 초월하려는 경향이 있기 때문에 그 특성은 초월과 무한성이다. 레비나스에서 무한의 반대는 유한이 아니라 전체성이다. 『전체성과 무한』에서 레비나스가 전체성에 대비한 무한은 전체화를 끊임없이 거부하는 타자의 특성을 지칭한다. 요컨대, 전체성의 추구는 궁극적 본질을 통찰하는 의식적 주체로서의 동일자의 특성이고, 무한의 이념을 드러내는 것은 타자의 특성이다(Peperzak, 1993). 결국, 이중의 주제 중 중요한 것은 동일자와 타자 간의 윤리적 관계, 특히 타자중심의 윤리적 관계의 중요성을 밝히는 것이다.

『존재와 다르게』(1998/1974)에서, 레비나스는 이제 타자와의 윤리적 관계보다는 오히려 윤리적 주체성(subjectivity)이 형성되는 원리를 설명하는 데 초점을 맞춘다. 타자중심의 윤리는 나와 대면하고 있는 타자가 나에게 부과하는 구체적 요구에서 비롯된다. 우선, 나와 대면하고 있는 타자는 어떤 결핍으로 절박한 상태에 있다는 점에서 독특한 타자이다. 마찬가지로 저 타자의 어려움에 대한 책임감을 느끼고, 타자 대신 속죄하거나 대속(substitution)하려는 주체도 통속적 의미의 자아 개념으로 일반화될 수 없는 독특한 자아이다(Critchley, 2014 : 17). 레비나스가 보기에, 나와 타자 간의 관계에서 타자를 위한 무한 책임, 타자를 위해 대신 속죄하는 대속과 볼모의 과정을 통해서 나의 윤리적 주체성이 형성된다는 것이다. 결국, 주체성은 내가 타자에게 볼모 잡히고, 타자의 죄를 내가 대신 속죄하는 대속의 과정에서 형성(Levinas, 1998 : 112)되기 때문에, 주체성은 타자에 대한 나의 복종이다(Critchley, 2014 : 18).

요컨대, 『전체성과 무한』에서는 주체가 타자를 환대하는 주인(host)으로서의 주체였으나, 『존재와 다르게』에서는 주체는 타자에게 볼모(hostage)로 잡힌 주체로 개념화되기 때문에, 주체성이 곧 타자에 대한 나의 복종(subjection)을 뜻하는 것이다. 『전체성과 무한』 및 『존재와 다르게』를 전체적으로 볼 때, 주인으로서 타자를 환대하든 볼모로서 타자에게 복종하든, 주체 중심에서 타자 중심으로 전환된 것이고, 이는 동일자 중심의 존재론적 질서가 타자 중심의 윤리적 질서로 전환된 것이다. 여기서 레비나스가 타자라고 하는 것은 소외된 국외자들이기 때문에, 레비나스의 주된 관심은 타자를 환대함으로써 그들의 소외를 극복하는 방안을 탐색하는 것이다.

레비나스는 출애굽기(22 : 21~22)에 나오는 이방인, 고아, 과부를 소외된 타자의 구체적 사례로 제시하였다(1979 : 78; 215). 이방인(stranger)은 확립된 질서하에서 소속감이 없는 사람이고, 고아는 부모가 없는 사람이고, 과부는 남편이 없는 사람이기 때문에, 레비나스가 타자라고 생각하는 사람은 삶에 필요한 어떤 것이 결핍된 사람을 뜻한다. 그래서 국적이 없는 난민도 타자이고, 건강이 없는 환자도 타자이며, 돈이 없는 빈민도 타자라고 생각할 수 있다. 레비나스의 윤리론은 이방인, 고아, 과부를 비롯해서, 난민, 환자, 빈민 같은 사회적 타자를 우리가 주인으로서 환대하거나 타자의 볼모가 된 것처럼 타자에게 복종함으로써 타자가 소외감을 극복할 수 있도록 도와야 할 책임감을 강조하는 탈소외이론이다. 그러나 현실적으로 내가 가진 모든 것을 어려움에 처한 타자에게 양보하고 타자에게 복종하듯 희생적으로 도움을 베푸는 선행을 통해서 착한 사마리아인이 될 수 있을지 모르나, 환대의 주체 본인은 모든 것을 희생해야 하기 때문에 엄청난 자기소외를 느끼게 될 것이므로 레비나스의 윤리나 환대를 실천하기는 어려운 일이다.

2
동일자와 타자

종래에는 마르크스(Marx)처럼 사회를 경제적 지배종속 관계로 파악하거나, 부르디외(Bourdieu)처럼 문화적 지배종속 관계로 개념화해왔다. 때로는 이러한 지배종속 관계가 경제적 및 문화적 지배종속 관계를 넘어 남성과 여성, 백인과 흑인, 상관과 부하, 다수인과 소수인, 내국인과 외국인 같은 다양한 차원의 지배종속 관계로 그 외연이 넓어졌다. 전통적으로 전자와 후자의 관계, 강자와 약자의 관계 혹은 갑과 을의 관계를 동일자(Same)와 타자(Other)의 관계라고 부른다. 여기서 타자는 사회적으로 소외된 국외자(outsider)를 뜻한다. 어떻든 종래의 타자 개념은 개인차를 고려하지 않고 노동자 일반, 난민 일반, 빈민 일반을 지칭하는 집합적 혹은 일반적 개념으로 사용해왔다.

레비나스(Emmanuel Levinas)도 "동일자와 타자"라는 용어를 사용한다. 그러나 그 뜻은 종래의 관점과 상당한 차이가 있다(1979 : 43). 레비나스에서도 타자는 사회적으로 소외된 국외자를 뜻한다. 그러나 레비나스의 타자

제2장 소외된 타자가 곧 하나님이라는 레비나스의 윤리적 성찰

는 빈민 일반, 이방인 일반, 난민 일반을 지칭하는 것이 아니라, 그 빈민, 저 이방인, 이 난민 같은 타자 개인의 고유성과 개별성을 중요시한다. 레비나스가 타자의 얼굴 개념을 도입하는 이유도 타자 개인의 고유성과 개별성을 강조하기 때문이다. 난민 일반의 얼굴은 없지만 난민 개인의 절박함은 그 얼굴에서 드러나기 때문이다. 타자를 일반성에서 보는 종래의 관점은 개념화의 매개를 거친 왜곡된 현상을 보는 것이고, 개별성을 중요시하는 레비나스의 관점은 개념화의 매개 없이 현상 그 자체를 보는 현상학적 관점이다. 종래의 관점은 타자 일반의 본질적 특성을 보는 존재론적 관점이고, 레비나스의 관점은 타자 일반이 아니라 타자 개인의 고유성과 개별성을 존중하는 윤리적 관점이기 때문에, 레비나스의 타자 개념은 종래의 관점과 상당한 차이가 있다.

동일자와 타자에 대한 종래의 개념은 동일자와 타자 개인의 고유성을 무시하고 그 개인이 소속된 어떤 일반적 범주의 특수 사례로 생각하는 것이 지배적 경향이었다. 종래에는 예컨대, 흑인, 빈민, 외국인, 난민 같은 타자 개념도 어떤 공통된 유적본질을 공유하는 무리나 군중의 일원으로만 생각하고 구성원 개인의 고유성을 상대적으로 무시해왔기 때문에, 레비나스는 이를 전체화의 폭력이라고 본다(Filipovic, 2011 : 64). 레비나스는 특히 하이데거의 존재론은 개별적 존재자들(beings)보다는 보편적인 존재(Being)를 중요시하고, 구체적 실존을 추상적 본질보다 과소평가함으로써 결국은 제국주의적 지배를 가능하게 한 "권력의 철학"(Levinas, 1979 : 46~47)이라고 비판한다.

구성원 개인의 고유성과 특이성을 외면하고, 개인을 집단의 일원으로 전체화하던 종래의 관점과 달리, 레비나스의 윤리는 동일자와 타자 간의 고유한 관계 혹은 자아와 타자 간의 구체적인 만남에서 출발한다. 따라서 동일자와 타자 간의 구체적인 만남(concrete encounter)을 뜻하는 그의 윤리는 일반적 관계가 아니라 개별적 관계이고 이론적 관계가 아니라 실존적 관계이다(Tjaya, 2009 : 33~34). 모든 실존적 관계는 이론으로 충분히 설명할 수 없고, 동일자와 타자 간의 관계를 보는 레비나스의 이러한 특성 때문에 그의 윤리는 종래의 윤리이론 예컨대 결과를 강조하는 목적론(teleology)적 윤리나 행위 그 자체의 의무감을 중요시하는 의무론(deontology)적 윤리 같은 전통적 윤리이론과 다르다. 레비나스에 따르면, 동일자와 타자 간의 윤리적 만남은 인간실존의 원초적 차원에 토대를 둔 것이고, 그래서 윤리를 제일철학이라고 하는 것이다.

동일자와 타자 간의 역동을 파악하는 관점도 종래에는 동일자 중심이었으나, 레비나스의 윤리학은 동일자와 타자 간의 관계도 타자 중심적이다. 레비나스에 따르면, 타자는 "내가 알 수 없고, 나의 소유가 될 수도 없고, 나에게 환원할 수 없는 낯선 존재요, 나에 대해서 항상 초월과 외재성을 가진 존재"(1979 : 43)이지만, 이러한 타자와 대면하여 나의 소유와 향유 그리고 이기적인 나의 자율성과 자발성에 의문을 제기할 때 비로소 윤리가 시작된다(1979 : 43)는 것이다. 따라서 레비나스의 사상에서 윤리의 진원지는 자아가 아니라 타인이고, 동일자가 아니라 타자이다. 뿐만 아니라, 그의 윤리는 타자에 대한 무한 책임의 관계라는 점에서 종래의 개념과 다른 독특한 관점이다(Critchley, 2004).

3
타자의 얼굴

전통적 윤리이론은 대체로 행위의 결과가 좋으면 옳은 행위로 보는 목적론(teleology)적 윤리론이거나, 아니면 행위의 동기가 보편적 도덕규칙에 일치하면 옳은 행위라고 판단하는 의무론(deontology)적 윤리론으로 구분할 수 있다. 그러나 레비나스의 윤리는, 행위의 결과에 가치를 부여하는 목적론이나 행위의 동기에 가치를 부여하는 의무론 같은 전통적 윤리이론에는 관심이 없고, 오직 타자에 대한 접근을 중요시한다. 특히 레비나스는 타자의 얼굴(the face of the Other)을 중요시한다. 타자의 얼굴은 내가 알고 있는 것 이상으로 타자가 자신을 드러내는 방식이 얼굴을 통한 현현이기 때문이다(Levinas, 1979 : 50). 타자의 얼굴은 레비나스 윤리학의 핵심개념이다.

타자를 중요시하는 것은 전통철학의 자아중심주의(egology)에 대한 도전이다. 그는 의식적 자아를 지나치게 강조해 서양철학으로는 이타심과 자비심의 윤리적 기초를 찾기 어렵다고 판단하고, 자아보다는 타자를 존중할 때 비로소 참된 윤리적 관계가 형성될 수 있기 때문에, 그는 윤리학을 "타자 지향적"으로 전환해야 한다고 주장한다(1979 : 33). 얼굴의 중요성을 강조하는 것은 전체론적 사고에 대한 도전이다. 타자 중에도 사람마다 다른 사람과 분명히 다른 이질성과 고유성이 있다는 것을 강조하기 위해 얼굴의 중요성을 강조한다(Critchley, 2004 : 12). 마찬가지 이유로, 만남을 얼굴과 얼굴을 마주하는 대면적 만남이라고 표현한다.

얼굴과 얼굴을 마주하는 대면적 만남(face-to-face encounter)에서 '얼굴'이라고 하는 것은 외모를 뜻하는 것도 아니고 소외된 타자의 얼굴에서 발견되는 어떤 공통성을 개념화한 것도 아니다. 타자는 얼굴을 통해 각기 고유한 자신을 스스로 드러내는 존재이고, 이러한 드러남을 레비나스는 얼굴을 통한 "타자의 현현(the epiphany of the Other)" 혹은 "얼굴의 현현(the epiphany of the face)"이라고 한다(1979 : 199~201). 인간은 얼굴을 통해 무언가를 나타내기 때문에 얼굴을 통한 동일자와 타자 간의 윤리적 관계는 항상 언어적이다(Critchley, 2004 : 12). 레비나스는 타자의 얼굴에서 드러나는 현상으로 첫째, 무방비상태의 전면적 노출, 둘째, 윤리적 저항과 도덕적 호소, 그리고 셋째, 결핍과 높음이라는 세 가지 차원을 중요시한다.

타자의 얼굴을 통해 드러나는 첫째 특징은 타자가 무방비상태(defence-lessness)에서 있는 그대로를 전면적으로 노출한다는 것이다(Levinas, 1979 : 199). 인간은 누구나 자신의 얼굴을 직접 볼 수는 없다. 남들은 나를 볼 수 있지만 나는 내 자신의 얼굴을 직접 볼 수 없기 때문에, 우리는 항상 남의 시선과 남의 위협에 노출되어 있다는 것이다. 레비나스가 타자의 얼굴을 벌거벗은(nakedness) 얼굴이라고 하는 것은 바로 이러한 무방비상태의 전면적 노출을 뜻한다.

타자의 얼굴을 통해 현현되는 둘째 특징은 타자가 여러 가지 위협에 노출되어 있고 상처받기 쉬운 존재이기는 해도 타자는 무한히 낯설고 내가 완전히 이해할 수 없고 내 인식의 한계를 무한히 초월하는 존재이기 때문에 위협에 대해서 끊임없이 저항한다((Levinas, 1979 : 194~197)는 것이다. 타자는 낯선 사람이고, 나와 거리를 두고 있고, 나에게 통합될 수 없고, 내 생각에 쉽게 동화될 수 없는 사람임에도 불구하고, 타자가 나에게 영향을 미칠 수 있는 힘은 타자의 얼굴에서 드러나는 상처받기 쉬운 나약함에 기인된 "윤리적 저항(ethical resistance)"이다(Levinas; 1979 : 199). 타자의 저항은 강력함의 저항이 아니라 나약함에 기인된 윤리적 저항이고 도덕적 호소력이다. 다시 말해서, "얼굴은 곧 표현"이고, "얼굴이 말을 한다"는 것이다(Levinas, 1979 : 66). 레비나스의 은유적 표현을 인용하면, "죽이지 말라"는 도덕적 호소 같은 저항이다(같은 책 : 199). 그러나 여기서 소외된 타자가 자기를 죽이지 말라는 호소는 문자 그대로 살인을 말라는 것이라기보다는 오히려 타자의 인간 존엄성과 가능성을 부정하지 말라는 호소이며, 타자를 나의 사람으로 만들려 하지 말고, 타자의 존재 그 자체를 존중하라는 명령과 같은 것이다.

타자의 얼굴을 통해 드러나는 셋째 특성을 "결핍"과 "높음"이라고 한다(Levinas, 1979 : 200; 1985 : 88~89). "결핍"과 "높음"이 나와 타자 간 윤리적 관계의 비대칭성을 특징짓는 결정적 요소라 할 수 있다. 타자는 국외자로 소외된 사람들이기 때문에 그 특징이 "결핍(destitution)"이라고 해석하는 것은 이해할 수 있다. 그러나 소외된 타자의 얼굴에서 "높음(height)"

을 느낄 수 있다는 것은 레비나스 윤리사상의 장점이면서 동시에 난해한 개념이다. 소외된 타자를 위한 무한책임과 윤리적 실천에 신의 소명 같은 숭고한 의미를 부여했다는 점에서는 장점이라고 볼 수 있으나, 타자의 얼굴에 신의 흔적이 드러난다는 발상은 철학과 신앙의 경계를 흐리게 함으로써 논리적 엄밀성을 훼손하게 된다는 점에서 이해하기 어려운 개념이다.

우선, 얼굴을 통한 타자의 현현에서 결핍(destitution)을 느끼는 것은 당연한 현상이다. 레비나스는 이방인, 고아, 과부를 소외된 타자의 구체적 사례로 제시하였다(1979 : 78; 215). 고아는 부모가 없는 사람, 과부는 남편이 없는 사람, 낯선 사람 혹은 이방인(stranger)은 확립된 질서 하에서 안정성이 없는 사람이다. 따라서 레비나스가 타자라고 생각하는 사람은 삶에 필요한 어떤 것이 결핍된 사람을 뜻한다. 그래서 국적이 없는 난민도 타자이고, 건강이 없는 환자도 타자이며, 돈이 없는 빈민도 타자라고 생각할 수 있다. 그러나 부모가 없다거나 건강이 없다거나 혹은 돈이 없다는 없음 그 자체보다는 그러한 없음을 의식하는 사람의 얼굴에 드러나는 결핍이 중요하기 때문에, 여기서 결핍은 현상학적 개념으로 생각해야 한다. 타자의 얼굴에 드러나는 결핍이 우리에게 윤리적 실천을 요청하고, 이 요청에 응답함으로써 우리는 책임감을 갖는 윤리적 주체로 거듭나게 된다. 뿐만 아니라, 소외된 타자에 대한 책임감을 갖게 되면 우리는 타자를 가깝게 생각하게 될 것이니 이른바 "이웃에 대한 근접성" 혹은 "타자에 대한 근접성"(1979 : 78)이라고 할 때의 근접성(proximity)도 공간적 가까움이라기보다는 오히려 현상학적 근접성을 뜻하는 개념이다.

그러나 소외된 타자의 얼굴에서 "높음(height)"이 현현된다는 해석은 레비나스의 독특한 관점이다. 레비나스에 따르면, 타자가 얼굴의 현현을 통해서 나의 소유와 향유 그리고 나의 이기적 자율성과 자발성을 문제 삼을 수 있는 것도 나에게 다가오는 타자가 "밖에서" 접근하는 것이 아니라 "위에서"(not from the outside but from above) 접근하기 때문이다. "위에서" 들리는 음성이니까, 이 음성을 듣고 내가 누리던 자유에 대한 반성과 함께 윤리적 주체로 거듭난다는 것이다. 타자가 밖에서가 아니라 "위에서" 접근해 온다는 것(1979 : 171), 타자가 "위에서" 나에게 명령한다는 것은 어려움에 처한 타자의 얼굴에 신의 흔적이 드러난다는 것이고, 따라서 윤리적 명령은 타자의 얼굴을 통해 드러나는 신의 섭리라는 것이다. 타자의 얼굴에서 신(神)의 흔적을 본다는 주장은 난해한 관점이긴 하나, 레비나스는 우리가 환대하고 섬기는 타자의 얼굴을 통해 비로소 신(神)의 섭리에 다가갈 수 있다는 것을 강조한다. 그래서 그는 "윤리는 영적 시력(the spiritual optics)"이라거나, "인간관계로 환원될 수 없는 모든 것은 원시적 형태의 종교일 수는 있어도 참된 종교는 아니라"(1979 : 78)고 주장하는 것도 어려움에 처한 이웃의 요구에 기꺼이 봉사하는 것이 곧 신(神)의 섭리에 다가가는 지름길이라는 주장이다.

성경에 나오는 선한 사마리아인의 이야기는 레비나스의 타자 윤리에서 등장하는 타자의 "높음(height)" 같은 개념을 이해하는 데 유익한 설화라 할 수 있다. 어느 날 예수님이 "네 이웃을 사랑하라"고 말씀하셨다. 그러자 어떤 율법학자가 "내 이웃이 누구입니까?" 하고 물었다. 예수님은 선한 사마리아인 이야기를 하셨다(누가복음 10 : 25~37). 어떤 유대인이 산

길을 가다가 강도를 만났다. 강도들은 그의 돈을 빼앗고 마구 두들겨서 반쯤 죽여놓고 가버렸다. 평소에 신앙심이 깊다고 자랑하던 사제와 유대인은 상처 입은 사람을 보고도 모른 체하고 그냥 지나쳐버렸다. 그때 길을 가던 어떤 사마리아인은 다친 사람의 상처를 치료해주고, 주막으로 데려가 주인에게 돈을 주면서 그 사람을 잘 돌보아주라고 했다. 당시에 사마리아인들은 이교도로 유대인들에게서 천민 취급을 받던 사람들이었다. 예수는 사마리아인에 관한 이야기를 마친 뒤 그 율법학자에게 "네 생각에는 이 세 사람 중에서 어떤 사람이 강도 만난 사람의 이웃이 되겠느냐"고 물었다. 율법학자가 "사랑을 베푼 사람입니다"고 대답하자, 예수께서는 "가서 너도 그렇게 하라"고 말씀하셨다는 이야기다.

요컨대, 선한 사마리아인 이야기에서 예수님은 어려움에 처한 타자를 중심으로 이웃을 생각하라고 말씀하신 것이다. 레비나스는 어려운 시련에 처한 타자를 배려하고 봉사하는 것이 신(神)과 관계를 갖는 유일한 길이라고 생각하기 때문에, 그의 윤리사상에서 얼굴을 통한 타자의 현현은 곧 신(神)의 현현과 같고, 그래서 타자는 "높은 곳"에서 나에게 접근한다는 것이다. 레비나스가 보기에는 신이 우리에게 타자를 위한 명령이나 요구를 직접 하지 않고, 타자의 얼굴을 통해 그 섭리를 간접적으로 드러낸다는 것이다.

제2장 소외된 타자가 곧 하나님이라는 레비나스의 윤리적 성찰

4
레비나스의 언어철학

레비나스는 개체성을 외면하고 전체성을 강조하는 서양철학에 비판적이다. 전체성을 강조하는 철학은 타자의 소리를 외면하기 때문이다. 플라톤의 이데아, 데카르트의 사유하는 주체, 헤겔의 절대정신, 하이데거의 존재(Being) 개념처럼 대부분의 서양철학은 어떤 하나의 궁극적 근원이나 본질에 입각하여 모든 것을 통합하는 전체론 혹은 존재론이었고, 하이데거의 존재론은 레비나스 당시에 가장 최근의 존재론이다. 이와 같이 존재론은 궁극적 본질을 중요시하기 때문에, 개인을 공통된 특성을 공유하는 어떤 집단의 요소로만 보는 편견이 있다는 것이다. 개인을 개인 그 자체로 존중하기보다는 흑인 중의 한 사람, 난민 중의 한 사람, 빈민에 속하는 구성원, 익명적 소비대중에 속하는 무리의 일원으로 개념화할 뿐 개인의 고유성과 특이성을 과소평가하거나 말살하는 경향이 있다는 것이다. 레비나스는 이러한 사고방식과 철학적 전통을 폭력적이라고 비판하면서 존재론을 극복하려고 한다.

그러나 막상 서양철학의 존재론을 극복하겠다는 레비나스가『전체성과 무한』에서 "존재가 곧 외재성(Being is exteriority)"이라고 주장하는 것 (1979 : 290)을 보면, 레비나스의 존재론 비판에는 여전히 존재론적 언어의 한계를 벗어나지 못한 모순이 있다는 것이다. 하이데거의 용어로 존재자들의 존재의 의미는 존재자에 내재하는 특성을 통해서 존재의 의미를 추론하는 것이 아니라, 외재성으로 결정된다는 것이다. 예컨대, 플라톤에서 책상의 이데아 그 자체는 책상이 아닌 것처럼, 하이데거에서도 존재(Being) 그 자체는 존재자(beings)와 달라야 한다. 달리 말해서, 존재(Being)의 의미는 존재자에 내재하는 것이 아니라, 존재자에 외재하는 어떤 특성에서 직관된다는 것이다. 요컨대, 레비나스의 존재론 비판에는 여전히 존재론적 언어의 한계를 벗어나지 못한 모순이 있다는 것이다. 이러한 모순은 데리다(1978)가『글쓰기와 차이』에 실린 논문「폭력과 형이상학 (Violence and Metaphysics)」을 통해서 강력하게 비판한 것이다.

언어철학에 관한 레비나스의 관점은 그의 주요 저서인『전체성과 무한』과 특히『존재와 다르게(Otherwise than Being)』에서 추론할 수 있다. 이 두 권의 대표작 이외에도 레비나스의 가장 중요한 논평가로 널리 알려진 데리다의 논문「폭력과 형이상학」도 중요한 참고자료로 알려진 것이다. 데리다는 이 논문에서 레비나스의 문제점은 "언어의 문제"(Derrida, 1978 : 136)라고 지적하였고, 이러한 비판이 레비나스의 언어철학 발전에 크게 기여하였다. 레비나스는 데리다의 비판적 지적을 수용하면서 존재론적 언어를 탈피하려고 노력하였고, 자신의 두 번째 대작인『존재와 다르게』에서, 존재론적 언어 차원인 "말해진 것(the Said)"과 윤리적 언어 차원인

"말함(the Saying)"을 구별하고, 이를 『존재와 다르게』의 핵심 개념 중 하나로 다루게 된다(Levinas, 1998 : 46). "말해진 것"과 "말함"의 세 가지 대조적 특색에 대한 레비나스의 관점은 그의 언어철학을 이해하는 데 중요한 기초가 된다.

첫째로, "말해진 것"은 진술적(constative) 언어 차원이고, "말함"은 수행적(performative) 언어 차원이기 때문에, 이 두 차원의 언어는 엄연히 구별해야 한다는 것이다. "말해진 것"은 타자에 관해서(about the Other) 하는 말이나, 어떤 사실에 관해서 기술하거나 개념화하는 진술적 차원의 언어이고, "말함"은 타인에게(to the Other) 말을 하는 수행적 차원의 언어를 뜻한다(Critchley, 2004 : 18; Filipovic, 2011 : 69). "말해진 것(the Said)"은 진술적 언어이고, 그래서 사실에 부합되는 것은 수용하고 그렇지 않은 것은 배제하는 수용과 배제의 규칙이 중요한 언어 차원이기 때문에 타자가 누구냐에 따라 달라지는 것은 없다. 이와 대조적으로, "말함(the Saying)"은 수행적 언어이기 때문에 사실에 대한 부합 여부보다는 나와 타자 간의 소통적 관계 그 자체를 중요시하는 것이 특징이다. 요컨대, "말해진 것"으로서의 언어는 실재에 관한 진술의 진위 여부에 주된 관심이 있기 때문에 타자에 대한 존재론적 폐쇄성이 특징이고, "말함"으로서의 언어는 타자와의 친밀성 관계 혹은 소통적 관계 그 자체를 중요시하는 언어 차원이기 때문에 타자에 대한 윤리적 개방성이 특징이다.

둘째로, "말해진 것(the Said)"은 존재론적 언어인 데 비하여, "말함(the Saying)"은 윤리적 언어이다(Critchley, 2004 : 17; 2014 : 7). "말해진 것"은 개별성을 전체성에 비추어 분석하고, 모든 존재자(beings)로부터 그 개별성과 고유성을 사상하고 존재일반(Being)에 비추어 분석하고 파악한다는 점에서 레비나스는 이를 존재론적 언어(ontological language)라고 본다. 물론 이러한 차원의 언어가 갖는 의미는 직접적 소여가 아니라 개념화의 매개를 거쳐 주장된 것이고(Peperzak, 1989 : 7) 그러한 의미에서 왜곡된 의미라는 한계성은 있다. 그럼에도 불구하고, "말해진 것"은 진술적 언어이기 때문에, 우리가 어떤 것에 관해서 진술할 때는 그것이 속해있는 전체의 유적본질이나 본질적 특성을 중심으로 진술하거나 명제로 표현하기 때문에 존재론적 언어라는 것이다. 이와 대조적으로, "말함(the Saying)"은 타자와의 구체적이고 직접적인 만남이고, 나에게 얼굴로 다가오는 타자를 나도 얼굴로 대하는 진정한 만남에서 가능한 언어이기 때문에, "말함"은 곧 개인 간의 윤리적 언어이고 그래서 본질과는 다른 차원의 언어라 할 수 있다. 요컨대, "말해진 것"은 존재론적 언어이고, 말함"은 윤리적 언어라는 것이다.

셋째로, 레비나스는 "말해진 것"과 "말함"을 주제화(thematization) 여부로 구분한다. "말해진 것"은 주제화하는(thematizing) 언어이고, "말함"은 주제화하지 않는 언어이다. 레비나스는 타자와의 관계를 중요시하는 윤리적 담론은 주제화 혹은 개념화에 비판적이어야 한다고 주장한다. 그가 주제화를 반대하는 이유는 주제화가 "이것은 저것(this as that)"이라는 형식의 이름을 부여하는 명칭적 언어만이 의미를 제공한다는 잘못된 상정에 근거하기 때문이다(Levinas, 1979 : 65; 1998 : 35; Rat, 2009 : 116). 명칭적 언어에 기인된 전체화가 잘못된 상정이라고 하는 것은 "이것은 저것"이라는 명칭부여적 명제의 의미는 사실 그 자체가 아니라 개념화의 매개를 통해 왜곡된 의미가 되기 때문이다. 다시 말해서, 이것을 저것으로 명명하고 동일시함으로써, 이것과 저것의 고유성과 개체성을 말살하고 전체화시키는 폭력 행사와 다를 바 없다는 것이다. 명칭부여(denomination)를 통해서 타자는 어떤 주제에 포섭되고, 타자의 타자성(alterity)은 타자성 그 자체에 역행하는 어떤 다른 것으로 변해버린다는 것이다(Rat, 2009 : 117).

주제화(thematization)는 예컨대 저 사람은 '빈민', 이 사람은 '흑인', 그 사람은 '난민'이라는 형식에 따라 "이것은 저것"으로 명명하고 일반화하는 개념적 사고방식이다. 그러나 이러한 주제화는 빈민, 혹은, 난민 같은 타자 개개인의 고유성과 개별성을 말살하고 무시하는 전체화의 폭력행사와 다를 바 없다. '빈민' '흑인' 혹은 '난민' 같은 일반범주의 의미는 저 '빈민' 이 '흑인' 그 '난민'과의 대면적 만남에서 느끼는 사실 그 자체가 아니라, 개념화의 매개를 통해 왜곡된 의미이기 때문에 잘못된 발상이고 그래서 타자를 존중하는 윤리적 언어는 주제화와 관련된 전체화에 비판적이어야 한다는 것이다. 이와 대조적으로 "말함"은 주제화의 매개 없이 타인과 직접적이고 대면적인 만남을 갖는 것이고, 타자와 대면적 만남을 통해서 타자의 어려움을 이해하고 책임감을 갖는 것을 뜻한다. 따라서 사실에 대한 부합을 중요시하는 "말해진 것(the Said)"의 언어보다는 오히려 타자와의 소통적 관계 그 자체를 중요시하는 "말함(the Saying)"의 언어가 타자에 대한 나의 근접성을 나타내는 언어라 할 수 있다. 요컨대, "말해진 것"의 언어 차원이 본질 혹은 사실을 나타내려는 것과 대조적으로 "말함"의 언어는 존재론이 강조하는 본질과는 다른 차원(Levinas, 1998 : 46)의 타자 지향적 언어라 할 수 있다.

요컨대, "말해진 것"의 언어 차원은 진술의 정확성을 강조하고, "말함"의 언어 차원은 관계의 친밀성 혹은 라포르(rapport)를 중요시한다. 레비나스는 『전체성과 무한』에서도 동일자와 타자 간의 관계 혹은 나와 타자 간의 관계는 그 자체가 곧 언어(1979 : 39)라고 주장하면서 인간관계의 언어적 특성을 강조한 바 있다. 나와 타자 간의 관계에서 사용되는 언어는 논리적 엄밀성이나 진술의 정확성 못지않게 타자에 대한 인정이나 배려를 통해서 관계의 친밀성을 조장하는 것이 중요하다는 것이다. 그래서 예컨대, "안녕하세요(Hello)"나 "선생님 먼저(After you, sir)" 같은 일상적 표현에 함축된 타자 존중의 태도가 인간관계의 친밀성을 조장하는 "말함"의 언어 차원이고, 이러한 타자 지향적 언어 수행이 레비나스 윤리사상의 중요한 한 요소라 할 수 있다(Filipovic, 2011 : 58).

5

레비나스와 키르케고르

레비나스는 근원주의와 존재론을 중요시해왔던 서양철학을 비판하고, 소외된 타자를 위해서는 존재론보다 윤리가 중요하다는 사실을 강조한다. 레비나스는 윤리의 우선성을 강조하고, 키르케고르는 목적론적 윤리의 중지(teleological suspension of the ethical)를 결단한 아브라함을 신앙의 기사로 격찬했기 때문에, 키르케고르와 레비나스는 윤리와 종교의 우선순위를 판단하는 관점이 대조적이다. 구체적으로 창세기(22장)에 나오는 아브라함이 아들 이삭을 잡아 산제사를 바치기 위해 결박했다는 아케다(Akedah) 설화의 해석에서, 키르케고르와 레비나스는 상반된 해석을 내놓았다. 아케다 이야기는 하나님께서 아브라함에게 "네 사랑하는 아들 이삭을 잡아 산제사를 드리라"(22 : 2)고 말씀하셨고, 이에 순종한 아브라함이 그의 아들 이삭을 데리고 모리아산으로 가서 이삭을 결박하여 제단 위에 올려놓고 칼을 잡아 그 아들을 잡으려 할 때, 천사가 아브라함에게 "그 아이에게 손을 대지 말라"(22 : 12)고 하셨다는 이야기다.

키르케고르는 아브라함이 하나님의 음성(the voice of God)을 듣고 신의 명령에 절대복종해야 한다는 궁극적 목적 때문에 윤리적 규범의 준수를 외면했다고 해석하였다. 『두려움과 떨림』에서, 키르케고르는 개인이 보편적 윤리 규범에 입각하여 하나님과의 관계를 결정하는 것이 아니라, 개인은 하나님과의 단독적 관계를 통해서 보편적 윤리에 대한 입장을 결정하는 것이기 때문에, 개별자가 보편성보다 높다는 역설이 가능하다는 것이다. 따라서 키르케고르는 아브라함이 목적론적 윤리의 중지를 단행한 것을 "신앙의 역설"(1983 : 70)이라고 주장한다. "네 아들 이삭을 잡아 산제사를 드리라"는 하나님의 명령은 사회윤리적 규범을 명백히 위반한 것이지만, 아브라함은 전지전능한 하나님이 무엇이 도덕적으로 정당한가를 결정하신다고 확신하고, 보다 높은 목적을 위해 윤리적 규범을 중지시킨 것이다.

레비나스는 아브라함과 이삭 이야기에 대한 키르케고르의 해석을 비판한다. 레비나스는 하나님과 만날 수 있는 기회는 타인의 얼굴에서 열리기 시작하는 것이고, "타자와의 관계를 떠나서는 하나님을 알 수 없다"(1979 : 78)고 생각하기 때문이다. 키르케고르에서는 하나님이 나와 타자 간의 매개이지만, 레비나스에서는 타자가 나와 하나님을 매개하는 역할을 수행한다(Katz, 2003). 키르케고르와 레비나스는 모두 독실한 기독교 신자이지만 참된 신앙을 보는 관점이 다르다. 키르케고르에서는 하나님과 나의 내면적 만남이 선행해야 하고, 레비나스에서는 나와 타자의 만남을 통해서 비로소 신에 접근할 수 있기 때문이다. "신보다는 토라를 더 사랑해야(loving the Torah more than God)" 한다는 레비나스의 주장은 종교나 신(神)보다는 윤리를 더 존중해야 한다는 뜻이다(Katz, 2003 : 4; Levinas, 1990 : 142).

원래 토라(Torah)는 가르침 혹은 율법을 뜻하는 히브리어라고 한다. 토라는 구약성서의 첫 5편으로 창세기, 출애굽기, 레위기, 민수기, 신명기를 통칭하는 모세 5경 혹은 모세율법이라고도 하며, 하나님의 백성으로 살아갈 길을 밝힌 유대교의 가장 중요한 율법 혹은 가르침이다. 구약 전체를 요약한 이러한 삶의 원리는 마태복음(7 : 12)에도 명시된 것처럼, "무엇이든 남에게 대접을 받고자 하는 대로 너희도 남을 대접하라, 이것이 곧 율법"이라는 것이고, 윤리적 규범이고 준칙이다. 따라서 레비나스가 신보다 토라를 더 사랑해야 한다는 것은 형식적 종교보다는 윤리적 규범을 더 존중해야 하나님의 섭리에 더 가까이 다가갈 수 있다는 뜻이다. 요컨대, 키르케고르가 강조하는 참된 신앙은 나와 하나님 간의 내면적 만남이고, 레비나스가 생각하는 참된 신앙은 나와 타자의 만남이다.

인간이 곧 신이라는
포이어바흐의 종교적 성찰

Ludwig
Feuerbach

포이어바흐는 종교의 본질은 인간 자신임에도 불구하고

인간이 자신의 유적본질을 상징적으로 표상화한 신을

스스로도 닿을 수 없는 저 높은 피안에 자리매김하여

그 앞에 노예처럼 무릎을 꿇고 절대시하면 할수록

우리는 더욱 깊은 소외에 빠지게 된다는 것이다.

1
포이어바흐의 생애와 사상

포이어바흐(Ludwig Feuerbach)는 1804년 독일 남부 바바리아(Bavaria)의 소도시 란츠후트(Landshut)에서 명문가의 넷째 아들로 태어났다. 그의 아버지 안셀름 포이어바흐는 저명한 법학 교수이면서 개신교도였다. 바바리아대학은 가톨릭이 주도하는 대학이지만 개신교도인 안셀름 포이어바흐가 법학과 과장이 될 정도로 명성이 높았다. 포이어바흐의 형제들도 법학, 고고학, 수학을 비롯한 여러 학문 분야에서 성공한 학자 집안이었다. 어릴 때 포이어바흐는 종교에 관심이 많았기 때문에 고등학교 재학 시절에 히브리어를 배우고, 1823년에 하이델베르크(Heidelberg)대학에 진학해서는 신학을 전공하였다. 하이델베르크대학에서 포이어바흐는 다우프(Karl Daub) 교수를 통해서 헤겔 철학에 접하게 되면서 헤겔 철학에 대한 호기심이 더욱 깊어졌다. 그래서 1824년에는 헤겔의 철학 강의를 직접 듣기 위해 베를린(Berlin)대학으로 옮기고 전공도 철학으로 바꾸었다.

베를린으로 옮긴 후 그는 곧 헤겔 철학에 매료되었다. 그러나 종교 해석에 관한 헤겔의 관점에 동의하기 어렵게 되자 포이어바흐는 결국 헤겔 좌파로 불리는 청년 헤겔학도(Young Hegelians)의 비판적 입장을 주도하게 되었다. 다시 말해서, 포이어바흐는 우리가 아주 소박한 의식 수준에서부터 소외와 탈소외의 여러 단계를 거쳐 이성의 경지에 이르게 되는 것도, 근본적으로 보면, 신의 섭리가 우리 인간을 통해 땅 위에 실현되는 것이고, 유한정신의 인식 발전을 통해서 절대정신이 자기를 실현하는 과정이기 때문에, 인간은 결국 자기 소외된 절대정신의 한 유형이라는 헤겔의 신 개념에 동의할 수 없었다. 헤겔이 주장하는 것처럼, 인간을 통해서 비로소 신의 섭리가 실현되고, 인간의 인식 발전을 통해서 비로소 절대정신의 자기실현이 가능하다고 하면, "인간이 진정한 신(man is the true God)"이고, "인간존재가 진정한 신성(divinity)"이라는 것이다(Lavine, 1984 : 266). 청년 헤겔학도들은 무신론자들이다.

포이어바흐는 1828년에 박사학위를 받고 에를랑겐(Erlangen)대학에서 철학과 역사 강의를 맡게 되었다. 그러나 1839년에 그가 출판한『죽음과 불멸에 관한 사상(*Thoughts on Death and Immortality*)』의 내용이 반종교적이라는 이유로 강사직을 박탈당하고, 그 후로는 대학 강의를 접고 독자적으로 연구 활동을 하였다. 1841년에 그의 대표작으로 유명한『기독교의 본질(*The Essence of Christianity*)』을 출판하였다.

일반적으로 포이어바흐는 헤겔의 관념론과 기독교 비판을 통해 유물론적 인간중심주의 철학의 발전에 기여한 공로로 유명하다. 소외이론에서 포이어바흐의 위상은 헤겔의 소외론과 마르크스의 소외론 사이를 연결한 교량의 역할로 널리 알려져 있다. 포이어바흐는 키르케고르, 쇼펜

하우어, 니체, 마르크스와 함께 19세기의 대표적 서양철학인 헤겔 철학을 근본적으로 비판한 국외자로 유명하다. 그러나 포이어바흐가 하이델베르크대학에 다니다가 20세에 베를린대학으로 옮겨 헤겔 강의를 직접 듣게 되면서 처음에는 열렬한 헤겔 추종자가 되었다. 그러나 결국 그는 헤겔의 관념론을 거부하고 기독교의 본질에 대한 유물론적 이론을 개발하였다. 신의 본질이나 기독교의 본질은 결국 인간의 유적본질의 상징적 표상일 뿐이라고 주장한『기독교의 본질』을 출판한 후 그는 헤겔 좌파의 지도자로 인정받게 되었다. 철학의 합리적 연구 대상은 신이나 초월적 실재가 아니라 인간자신이라는 포이어바흐의 유물론적 인간주의는 마르크스에 의해 비판적으로 계승된다.

2
헤겔의 『정신현상학』

『정신현상학』에서, 헤겔은 인간정신의 점진적 자기발전의 과정을 변증법적으로 해설한다. 인간의 의식 혹은 인간정신이 대상 의식, 필사적 투쟁 단계의 의식, 주인과 노예 단계의 의식, 스토아적 의식, 회의주의적 의식, 불행한 의식, 그리고 모든 것을 이성적으로 접근하는 이성의 단계로 발전하는 과정을 소외와 탈소외의 변증법적 과정으로 설명한다. 그러나 그는 이러한 발전과정은 절대정신인 신(神)이 유한정신인 인간을 통해서 스스로를 실현하는 과정이라고 본다(ibid, 219~225). 따라서 인간은 자기 소외된 신의 모습이고, 이는 마치 자녀를 훌륭하게 길러놓은 부모가 노년에 훌륭하게 성장한 자녀의 모습에서 소외된 자신을 보는 것처럼, 유한정신은 자기 소외된 절대정신의 한 유형에 불과하다는 것이다. 포이어바흐가 보기에 『정신현상학』 끝부분에서 신과 인간의 관계에 관한 헤겔의 이러한 논리는 신은 주인과 같은 존재이고 인간은 그에 예속된 존재이며, 신이 주어이고 인간은 그 술어에 불과한 것처럼 전도된 논리라는 것이다.

헤겔의 정신현상학에서 현상학은 눈에 보이는 경험현상이 아니라, 마음에 떠오르는 정신현상 혹은 의식현상(conscious phenomena)을 연구하는 학문이다. 인간정신 혹은 인간의식의 단계적 발전 과정의 첫 단계는 대상 정복 혹은 대상 의식이다. 예컨대, 배가 고프니 저 물고기를 잡아먹어야겠다는 생각은 욕구의 긍정이고, 그대로 삼키다가는 식도가 막혀 죽을지도 모르니 그대로 먹어서는 안 된다고 생각하는 것은 욕구의 부정이다. 생선을 요리하는 것은 부정의 부정이요 고차적 긍정이다. 생선의 자립성을 일정 정도로 제거하면서도, 생선 조직의 단백질, 탄수화물, 미네랄 같은 영양소는 그대로 보존함으로써 폐기와 보존을 동시에 내포하는 변증법적 지양(止揚)이다. 우리는 욕망의 눈빛으로 대상을 본다. 그러나 모든 대상은 우리의 욕구에 순순히 동화되기를 거부하기 때문에 우리는 도처에서 소외(alienation)를 느끼게 된다. 우리의 욕구에 동화되기를 거부하는 대상의 자립성을 정복, 파괴, 부정함으로써 우리의 욕구에 순응하도록 대상을 창조적으로 변형시킨다. 이를 소외의 극복 혹은 탈소외라 한다. 결국, 대상 의식은 우리의 욕구를 거부하는 대상의 자립성을 파괴하고 정복하고 부정하여 욕구에 동화시키려는 의식이고, 이를 "정복의 의지(the will to mastery)" 혹은 "부정의 원칙(principle of negation)"이라고 한다(ibid, 220).

둘째 단계는 필사적 투쟁(the struggle unto death) 단계의 의식이다. 우리는 사물적 대상뿐만 아니라 타인에게도 부정의 원칙을 적용한다. 나는 타인을 지배하고 정복하고 부정하려고 한다. 그러나 타인도 나를 지배, 정복,

부정하려 하기 때문에 소외를 느끼게 된다. 이제 자아와 타아 사이에 생사를 건 필사적 투쟁이 전개된다. 두 이기적 욕망의 흐름이 맞대결한 이러한 극한 상황에서 우리의 의식에 나타난 현상은 오직 목숨을 건 투쟁을 통해 비로소 자유를 쟁취할 수 있다는 것이고, 이를 필사적 투쟁 단계의 의식이라고 한다. 이와 같이 나의 의식과 타인의 의식이 대립하고, 두 이기적 욕망이 맞대결하는 막다른 골목에서, 헤겔은 인간 욕망의 본질을 예리하게 꿰뚫어보는 통찰력을 발휘한다. 우리는 사물을 정복할 때보다는 타인을 정복할 때 더 큰 만족을 느끼고, 타인을 지배하고 정복하는 것보다는 타인을 지배하고 정복할 정도로 내가 유능하다는 사실을 남들이 인정하고 선망의 눈빛으로 우러러볼 때 더할 나위 없는 만족을 느낀다는 것이다. 따라서 인간 욕망의 본질은 타인의 인정을 받으려는 인정욕망(desire of recognition)이다. 여기서 우리는 문제에 직면한다. 인간 욕망의 본질이 인정욕망이기 때문에, 의미 있는 타자의 마음의 거울에 비친 내 모습을 통해서 나의 자아의식이 결정되기 때문에, 나의 자아의식을 형성하기 위해서는 타아가 있어야 하기 때문이다. 따라서 필사적 투쟁 단계의 의식은 결정적 한계성이 있다. 내가 타인을 죽인다고 하면 내가 승리자라는 사실을 인정해줄 타자를 상실하고 그래서 진정한 만족을 느낄 수 있는 기회를 스스로 포기하는 셈이고, 나의 정체성과 자아의식을 형성할 기회를 스스로 포기하는 우를 범하는 것이기 때문이다(ibid, 221).

셋째 단계는 주인과 노예 관계(master-slave relation)의 의식이다. 필사적 투쟁 단계의 의식이 갖는 한계성 때문에 타자를 죽이지 않고 살려서 자신의 노예로 삼을 정도로 성숙하여 이른바 주인과 노예의 단계로 발전한다. 자아와 타아 사이에 생사를 건 필사적 투쟁의 관계를 극복하고 공존의 지평으로 발전하게 된 것이다. 당초에는 주인이 자립적 의식을 가진 자유인이고, 노예는 사물적 존재나 다름없는 비자립적 의식이다. 그러나 시간이 흐름에 따라, 주인은 자유를 상실하고 오히려 노예가 자유를 의식하게 되는 신비로운 역전이 나타난다. 그동안 주인이 확신해온 타자의 인정은 노예의 인정이므로 내용 없는 공허한 인정이고, 주인은 자신의 삶이 노예의 노동에 전적으로 의존해 있기 때문에, 점차 자신이 주인이라기보다는 오히려 노예에게 예속된 비자립적 존재라는 생각을 하게 된다.

반면에 노예는 전면적 감시와 절대적 공포 속에서 강요된 노동을 하면서도, 저항하는 대상의 자립성과 목숨을 건 투쟁을 계속하는 가운데 자기 내면에 잠들어 있던 창조적 능력을 몸소 체험함으로써, 자신이 자립적 의식을 가진 자유인임을 자각하게 되는 것이다. 요약하면, 인간은 저항하는 대상의 자립성과 목숨을 건 투쟁의 과정에서 맡은 역할에 혼신의 열정으로 몰두할 때 노예가 주인으로, 예속된 의식이 자립적 의식으로, 예속된 존재가 자유로운 존재로 자신을 새롭게 만들어간다는 것이다. 그래서, 노동은 물질적 재화를 창조하는 활동이면서, 동시에 자신의 잠재적 가능성을 실현하는 실존적 활동이라는 것이다. 결국, 주인과 노예 관계의 의식은 주인은 자립적 의식에서 비자립적 의식으로, 노예는 비자립적 의식에서 자립적 의식으로 전환되는 신비로운 역전을 뜻한다. 마르크스는 약 800페이지에 달하는 『정신현상학』 중에서, 주인과 노예 관계의 변증법이 헤겔 철학의 진정한 산실이요 그 밀실(the true birthplace and secret)

이라고 격찬하고, 헤겔은 노동의 진정한 의미를 통찰했고, 사람의 인간됨이 결국 그가 수행한 노동의 결과라고 생각한 철학자라고 평가했다(Lavine, 1984 : 222).

넷째 단계는 스토아적 의식(stoic consciousness)이다. 주인과 노예의 역전(逆轉)은 어디까지나 내면적 사유 속에 나타난 역전일 뿐 현실의 역전은 아니다. 내면적 사유에서 위안을 찾는 의식을 스토아적 의식이라고 한다. 스토아적 의식이란 내가 주인이든 노예든 마음 속에서 나는 자유로울 수 있다는 의식을 뜻한다. 나는 내 마음 속에서 자유로울 수 있고, 나의 정신적 자유를 그 누구도 구속할 수 없다는 사고방식이다. 그러나 자유가 오직 마음속에서만 가능하다고 하면, 너무나 공허하고 추상적인 것이다. 현실적으로 노예가 노예일 수밖에 없는 엄연한 사실을 외면하고, 세속과 단절된 고독한 은둔자의 내면적 부동심만을 강조하는 것이 스토아 철학의 한계성이다. 스토아주의는 대자연을 지배하는 필연적이고 이성적인 법칙을 합리적으로 이해하고 이성에 따라 사는 금욕적 삶을 통해서 마음의 동요를 극복하고 평정을 이룩할 수 있다고 보는 사고방식이다. 그러나 스토아적 의식은 비록 자신의 마음속에서는 주인일지 모르나, 이성의 필연적 법칙에 대해서는 노예처럼 예속된 의식이기 때문에, 아직도 주인과 노예의 관계를 완전히 벗어나지 못한 것이다(ibid, 223).

다섯째 단계를 회의적 의식(skeptic consciousness)이라고 한다. 스토아적 의식은 현실적 삶을 무시하고 내면의 정적 속에 은둔하여 이성과 자유를 추구하는 것이 특징이었으나, 회의주의적 의식은 대조적으로 일체의 현실을 철저히 의심하는 가운데 의심하는 의식의 자유를 추구한다. 그러나

회의적 의식은 의심을 오직 부정적이고 파괴적인 능력으로 활용하기 때문에, 결국 그 자체의 내적 모순에 의하여 주인의식과 노예의식으로 분열되어 있는 의식이다(ibid, 224). 전자는 자유롭고 강력한 주인처럼 모든 것을 의심하고 거부하고 해체하나, 후자는 의심에 의하여 해체되고 정복된 노예의식이기 때문에, 회의주의는 의심하는 주인의식과 의심받는 노예의식으로 분열된 의식이다.

여섯째 단계는 불행한 의식(unhappy consciousness)이다. 불행한 의식이란 주인의식과 노예의식의 이중성이 하나의 의식 속에 공존하면서도 통일을 이루지 못하고 분열된 의식이다. 헤겔은 그리스도교의 종교적 의식을 불행한 의식의 전형적 사례라고 본다. 한편으로는 신처럼 숭고하고 영원하고 고귀한 것을 동경하는 진정한 자아를 의식하면서도, 다른 한편으로는 덧없는 현실에 대한 줄기찬 애착과 세속적 쾌락에 탐닉해 있는 그릇된 자아를 의식하는 분열된 의식이기에 이를 불행한 의식이라고 한다. 이러한 종교적 의식에 있어서 신은 주인이고 인간은 노예이기 때문에 불행한 의식은 여전히 주인과 노예의 관계를 벗어나지 못하고 있다.

마지막 단계는 이성(reason)의 단계이다. 이성의 단계는 완전무결한 절대적 이성의 단계가 아니라, 모든 것을 이성적으로 접근하는 단계라는 뜻이다. 헤겔에 따르면, 신(神)은 인간이 신 자신에게까지도 노예이기를 거부하는 자유인이요, 오직 합리적 이성에 의해서 판단하고 선택하는 진정한 자유인이기를 바란다. 이러한 이성의 단계에서 비로소 주인과 노예의 관계를 극복하고 참된 자유를 획득하게 되는 것이다. 이러한 주장은 종교를 거부하는 것이라기보다는 종교의 철학화를 요청하는 일종의 이

신론(理神論)이다. 다시 말해서, 종교의 본질까지도 이성적으로 파악하는 것처럼, 모든 현실적 제도들이 이성의 원칙에 충실할 때 비로소 정의로운 사회가 이룩될 수 있다는 것을 뜻한다.

　　　　　　　　　　　　　　제3장 인간이 곧 신이라는 포이어바흐의 종교적 성찰

3
헤겔의 신(神) 개념

독실한 기독교 신자라면 인간, 자연, 사회현상 등 다양한 모든 현상은 궁극적으로 하나님의 섭리가 결정한다고 확신하는 것처럼, 헤겔 철학의 기본 개념은 존재하는 모든 것은 궁극적으로 절대정신이라는 것이다. 기독교의 신(神)을 헤겔은 절대정신이라고 한다. 그러나 기독교의 '신'과 '절대정신'이 같은 개념은 아니다. 헤겔은 이성지상주의 철학자로서 신까지도 이성적으로 재해석한다. 우선, 신은 정신적 존재이고 인간은 실체적 존재이다. 다시 말해서, 신은 시간과 공간의 제약을 초월하는 존재이고, 인간은 시간과 공간의 제약을 받는 존재이다. 시공의 제약을 받는 인간의 언어로 시공의 제약을 초월하는 하나님 혹은 신의 존재를 이성적으로 설명하기 어렵다. 영원하신 하나님이라거나 하나님은 처음이요 나중이라는 표현들은 모두 시간 개념이기 때문에 시간과 공간을 초월하는 신의 존재를 설명할 수 없는 표현이고, 저 높은 곳에 계시는 하나님이라는 표현도 공간 개념이기 때문에 시간과 공간을 초월하는 신의 존재를 설명할 수 없는 표현이다. 따라서 종교나 신의 섭리는 묵상은 할 수 있어도 합리적 설명은 불가능하다는 것이다.

결국, 헤겔은 시공의 제약을 받는 인간의 언어로 시공의 제약을 초월하는 신의 존재를 합리적으로 설명하기 어렵다는 제약 조건을 준수하면서 신 개념을 합리적으로 추론한다. 요컨대, 헤겔『정신현상학』의 신 개념은 첫째로, 우리가 흔히 하나님 아버지라고 부르는 인격적 형상의 신이 아니라, 우주를 지배하는 이성(reason)적 법칙과도 같은 개념이다. 둘째로, 현실을 초월한 저 높은 피안의 세계에 따로 존재하는 초월적 신이 아니라, 현실 속에서 스스로를 전개하는 내재적 신(immanent God)이다. 셋째로, 영원불변의 고정된 신이 아니라 인간의 인식발전과 함께 변화하는 동태적 신(dynamic God)이라는 것이다. 결국, 『정신현상학』의 신 개념은 (1) 이성의 법칙, (2) 현실에 내재하는 내재적 신, (3) 인간의 인식발전과 함께 변화하는 동태적 신으로 요약할 수 있고, 헤겔은 이성, 내재적 신, 동태적 신으로 정의할 수 있는 신 개념을 절대정신(absolute spirit)이라 부르고, 이를 인간의 유한정신(finite spirit)과 구별한다.

제3장 인간이 곧 신이라는 포이어바흐의 종교적 성찰

4
유물론적 전환

플라톤은 이데아, 칸트는 물자체, 스콜라 철학은 신을 각기 현상형태의 이면에서 현상을 그렇게 현현시키는 궁극적 실재라고 상정하는 것처럼, 헤겔에 있어서는 절대정신이 모든 것을 결정하는 궁극적 실재이다. 따라서 헤겔은 대상 의식, 필사적 투쟁 단계의 의식, 주인과 노예 단계의 의식, 스토아적 의식, 회의적 의식, 불행한 의식 등 수많은 단계를 거쳐 완벽한 이성의 경지에 이르는 인간정신 혹은 인간의식의 자기발전도 결국은 절대정신이 유한정신을 매개로 하여 스스로를 실현하는 과정이고 신이 인간을 통해 스스로를 실현하는 과정이라고 본다. 요컨대, 헤겔에 있어서는 궁극적 실재는 절대정신이라는 것이다. 다양한 모든 현상이 궁극적으로는 절대정신, 말하자면 자유로운 이성이요, 신이라는 것이 헤겔 철학의 기본 관점이다.

결국, 모든 것을 결정하는 궁극적 실재가 신이라는 헤겔의 결론은 스콜라 철학의 신 개념을 철학적으로 정당화한 것과 같은 결론이다. 스콜라 철학의 신 개념과 헤겔의 신 개념의 차이점은 후자가 초월적 신이 아니라 내재적 신이요, 불변의 신이 아니라 동태적 신이라는 것만 다르다. 우리가 아주 소박한 의식 수준에서부터 의식의 자기발전에 필요한 여러 단계를 거쳐 최종적 단계인 이성의 경지에 이르게 되는 것도, 근본적으로 보면, 신의 섭리가 나를 통해서 땅위에 실현되는 것이고, 실체적 존재인 유한정신을 이용하여 섭리적 존재(providential being)인 절대정신의 자기실현이라는 것이다. 포이어바흐가 보기에는 헤겔의 철학체계는 신이 주인과 같은 존재이고 인간은 그에 예속된 존재이며, 절대정신인 신이 주어(subject)이고, 유한정신인 인간은 그 술어(predicate)인 것처럼 잘못 설정된 체계이기 때문에 잘못 설정된 체계를 전도해야 한다는 것이다.

『기독교의 본질』은 종교적이고 신학적인 담론이기 때문에 추상적 내용도 많지만, 이 책의 가장 중요한 핵심적 사상은 "인간이 신을 만들었다"는 하나의 명제로 요약할 수 있다. 『기독교의 본질』에서 포이어바흐는 "하나님이 자기 형상대로 인간을 창조하셨다"는 성경말씀(창세기 1 : 27)을 "인간이 자신의 이미지에 따라 신을 창조했다"(Feuerbach, 1957 : 118)는 주장으로 전도한 것이다. 신(神)은 우리가 생각은 할 수 있지만 경험적으로 직접 볼 수는 없다. 신은 사유의 대상이라는 것이다. 그러나 인간(人間)은 우리가 그 모습을 볼 수도 있고 소리를 들을 수도 있는 감성적 실존이다. 전자는 추상적 사유의 대상이고, 후자는 구체적인 감성적 실존이다. 다시 말해서, "신이 인간을 창조했다"는 명제는 주어부터 구체성이 없는 매우 추상적인 생각이다. 그래서 이를 '인간이 신을 만들었다'는 구체적인 주어로 시작하는 명제로 뒤집은 것이다. 추상적인 것을 구체적인 것으

로 뒤집은 포이어바흐의 방법론을 유물론적 전환(materialistic transformation)
이라고 한다. 이러한 전환은 추상적인 것을 구체적인 것으로 바꾼 것이
기 때문에 유물론적 전환이라고 하지만, 신중심적 사고를 인간중심적 명
제로 바꾼 것이기 때문에 인간학적 전환(anthropological transformation)이라고
한다. 결국, 포이어바흐의 방법론은 추상적인 종교적 논의를 경험적 근
거에 입각하여 합리적으로 전개할 수 있게 한 것이 그 특징이다.

5
유적본질의 투사

헤겔이 사망한 후, 헤겔의 사상을 따르는 추종자들은 크게 두 진영으로 분열되었다. 하나는 보수적인 헤겔 우파였고 다른 하나는 진보적인 헤겔 좌파였다. 『법철학 서문』에서, "합리적인 것이 현실적이고, 현실적인 것이 합리적(what is rational is real, and what is real is rational)"이라는 헤겔 언명의 뒷부분을 따르는 헤겔 우파는 보수적이었고, 앞부분을 중요시했던 헤겔 좌파는 진보적 진영을 이루었다. 포이어바흐를 비롯한 헤겔 좌파는 사회제도의 현상형태와 그 본질 간의 괴리 중에서도, 종교 본연의 소명으로부터 교회의 괴리를 가장 심각한 소외의 원천이라고 비판하기 시작하였다. 정치, 경제, 문화, 교육 분야에서는 갈등이 있다가도 쉽게 해결되기도 한다. 그러나 종교는 절대가치를 표방하기 때문에 종교적 갈등은 해결되기 어렵다. 그래서 포이어바흐는 1841년에 발표한 『기독교의 본질 (The Essence of Christianity)』에서, 종교의 본질과 종교의 현상형태 사이에 어떤 괴리가 있는가를 비판적으로 분석한 것이다.

『기독교의 본질』에서, 포이어바흐는 인간이 어떻게 신을 창조할 수 있는가를 합리적으로 설명하려고 노력한다. 이 책은 두 부분으로 구성되어 있다. 제1부는 종교의 인간학적 본질이 타당(true or anthropological essence of religion)하다는 점을 논증한 것이고, 제2부는 종교의 신학적 본질은 부당(false or theological essence of religion)하다는 점을 해설한 것이다. 이 두 부분 중에서 제1부는 모든 인간에 공통된 열망인 인간의 유적본질에 따라 신을 창조한 이유를 설명하고 있다. 이 설명의 논리를 투사이론(theory of projection)이라고 부른다. 신은 곧 인간의 투사라는 것이다. 인간의 현실적 삶은 고통, 좌절과 실패, 불안, 유한성, 끊임없는 갈등과 불신으로 점철되어 있다. 그러기에 인간은 완전한 행복, 놀라운 성공, 안정과 평화, 영원한 삶, 조건 없는 사랑 같은 것을 열망한다. 포이어바흐의 핵심적 명제는 모든 인간이 공통되게 바라고 희망하는 인간의 보편적 열망을 어떤 초월적 존재에게 투사한 것이 신이라는 것이다. 따라서 신이 자기 형상대로 인간을 창조한 것이 아니라, 인간이 자신의 유적본질을 투사하여 신을 창조했다는 것이다(Feuerbach, 1957 : 73 & 118).

옛날 우리 조상들이 자식 잘되라고 그릇에 맑은 물을 담아 장독 위에 올려놓고 이른 새벽부터 정성껏 기원하는 것이나, 딸 가진 부모가 정월 대보름달을 쳐다보면서 금년에는 우리 딸이 짝을 만날 수 있기를 기원하는 관행도 모두 마음속에 간절한 소망과 원망(願望)을 장독 위의 맑은 물이나 둥근 대보름달에 투사한 것이나 다를 바 없다. 이러한 관행은 모두 포이어바흐가 보기에는 인간적 열망의 투사이고, 프로이트가 보기에는 환상적 원망충족(hallucinatory wish-fulfillment)이며, 합리적으로 생각하면 장

독 위의 맑은 물과 미소 짓는 둥근 보름달 그 자체가 아니라, 우리 마음 속의 소망과 열망이 그 본질이라는 것을 뜻한다. 종교적 담론을 포이어바흐가 유물론적으로 전환한 것이나 투사이론으로 재해석한 것은 모두 신학의 인간중심적 전환이다.

큰 재난에 직면할 때 말할 수 없는 무력감을 느끼는 인간이 자비롭고 전능한 어떤 초월적 존재를 동경하고, 언제 닥칠지 모르는 죽음을 두려워하는 우리가 영원과 불멸(eternity and immortality)을 한없이 동경하는 것처럼, 일반적으로 전지전능함, 진정한 사랑, 영원함 같은 것은 모든 인간이 보편적으로 열망하는 인류의 집합적 열망이다. 의식적이든 무의식적이든 이러한 열망은 모든 인간에 공통된 인간의 유적본질이다. 모든 인간이 보편적으로 동경하는 인류의 집합적 열망과 욕망을 어떤 초월적인 존재에 투사(projection)한 것이 기독교의 본질이고 신의 본질이라는 것이다. 종교 혹은 신의 본질은 인간의 유적본질이며 인간 자신이고, 종교의 본질적 기능은 인간의 삶을 고양시키고 상승시키는 것이다. 종교의 본질은 인간 자신임에도 불구하고, 인간이 자신의 유적본질을 상징적으로 표상화한 신을 스스로도 닿을 수 없는 저 높은 피안에 자리매김하여 그 앞에 노예처럼 무릎을 꿇고 절대시하면 할수록 우리는 깊은 소외에 빠지게 된다는 것이다.

제4장

삶의 본질과 현상의 괴리에 관한 마르크스의 사회적 성찰

Karl Marx

원하는 활동을 통해 자신을 객관화하는 것은 자아실현이지만

강요된 활동을 통한 외화 혹은 객관화는 소외의 원인이다.

전자는 헤겔의 노동관이고, 후자는 마르크스의 노동관이다.

따라서 마르크스는 소외의 원인은 개인의 나약함 때문이 아니라

정의롭지 못한 사회구조 때문이라고 본다.

1
마르크스의 인간론

마르크스(Karl Marx : 1818~1883)의 사상은 헤겔의 관념론과 포이어바흐의 유물론의 비판적 종합의 과정에서 형성된 것이다. 헤겔에서는 변증법적 논리의 엄밀성은 수용하고 추상적 사변은 폐기하였다. 포이어바흐에서는 구체적 전환을 뜻하는 유물론적 전환법은 수용하면서도 포이어바흐의 헤겔 비판이 아직도 신이 먼저냐 인간이 먼저냐를 따지는 이른바 "천상의 비판"이기 때문에 노동 현장의 절박한 문제를 검토하는 "지상의 비판"으로 한 단계 더 구체화되어야 한다고 비판한다. 요컨대, 마르크스의 사상은 헤겔의 관념론에서 논리적 엄밀성을 이어받고, 포이어바흐의 유물론에서 구체적 접근방법을 계승하기 때문에, 마르크스 사상은 노동활동 같은 구체적인 문제를 엄밀한 논리로 풀어나가는 것이 특징이다. 생존수단을 생산하는 활동이면서 동시에 자신을 거듭 창조해가는 노동 혹은 생명활동의 특성을 근거로 마르크스의 인간론을 검토하기로 한다.

『경제적 철학적 초고(*Economic and Philosophic Manuscripts*)』에서, 마르크스는

우선 인간이 어떤 존재이고 어떻게 살아야 하는가라는 문제부터 제기한다. 이 책은 1844년에 쓰고 1932년에 출판되었으나 마르크스의 인간관을 이해하는 데 중요하다. 전통적으로 모든 철학자들은 이러한 인간론 문제를 탐구해왔으나, 마르크스가 보기에 종래의 인간론은 문제가 많다. 순자나 홉스가 인간의 본성을 악하다고 하면, 맹자나 루소는 인간의 본성을 선하다고 주장한다. 마르크스가 보기에는 이러한 인간론의 타당성은 경험적 검증도 합리적 논증도 불가능한 막연한 주장들이다. 그래서 마르크스는 우선 다른 동물과 인간의 생명활동(life activity)을 비교하고 대조해서 동물일반의 생명활동과 뚜렷이 다른 인간일반의 생명활동의 차이를 중요시한다. 일반적으로 이러한 차이를 종차(種差)라고 한다. 종차에 착안하여 모든 인간에 공통된 유적본질을 추론한다(Marx, 1975/1844 : 328).

첫째로, 인간은 의식적(conscious) 존재이다. 동물의 생명활동이 본능적이고 반사적인 데 비하여 인간의 생명활동은 의식적이고 합목적적이다. 인간 행동도 본능적이고 반사적이기도 하지만, 본능적 반사적 행동은 인간 고유의 행동은 아니다. 다른 동물의 활동에서 찾아볼 수 없는 의식적이고 합목적적인 활동을 인간 고유의 특성으로 보아야 한다. 예컨대, 벌이 벌집을 만드는 과정을 보면 건축가도 무색할 정도로 정교하다. 그러나 벌집을 짓는 벌의 활동은 본능에 각인된 반사적 동작인데 비하여, 건축가는 아무리 서툰 초보자라 하더라도 집을 짓는 활동을 개시하기도 전에 그의 의식 속에 미리 완성된 모습을 설계한다는 점에서 인간노동은 의식적이다.

인간은 의식적 존재이기 때문에, 인간답게 살기 위해서는 의식적으로 살아야 한다. 의식한다는 것은 우리의 정신이 항상 그 무엇을 향해 있다는 것을 뜻하고, 그래서 의식의 특징은 그 지향성에 있다. 이는 곧 우리의 삶이 본능적이고 반사적인 것이 아니라 의식적 지향활동이어야 함을 뜻하고, 자신의 활동결과를 앞질러 내다보며 계획하는 능력을 길러야 함을 뜻한다. 앞질러 내다보는 능력이 있다는 것은 인간의 본성이 자유롭다는 것이며, 여기서 자유는 억압으로부터의 해방을 뜻하는 소극적 자유만이 아니라, 미래를 의식적으로 계획하고 설계할 수 있는 적극적 자유까지도 실천하도록 요청하는 개념이다. 요컨대, 의식적 활동이라는 것은 자유롭게 설계된 마음 속의 계획을 대상에 구현하는 활동이다.

둘째로, 인간은 창조적 존재(creative being)라 할 수 있다. 동물은 생존을 위해 자연계에 직접적으로 주어진 것을 그대로 이용만 한다. 인간도 자연적 소여를 그대로 이용하기도 하지만, 이를 창조적으로 변형할 수도 있다는 점에서 동물과 뚜렷한 차이가 있다. 예컨대, 고래는 다른 물고기를 그대로 잡아먹기는 해도, 이를 가공 변형하여 통조림을 만들 수 없는 것처럼, 동물은 욕구 충족을 위해 직접적 자연을 그대로 이용만 한다. 그러나 인간은 자연적 소여를 창조적으로 변형하여 물질적 재화를 창조하면서, 동시에 자기 자신을 끊임없이 창조해가는 창조적 존재라는 것이다.

따라서 인간은 창조적 존재이기에 창조적으로 살아야 한다. 그러나 인간의 창조는 무에서 유를 만드는 문자 그대로의 창조가 아니라, 자연적 소여의 대상에 주관적 의지를 외화하여 의도적으로 변형하는 활동이다.

조각가가 무엇을 조각할 것인가를 결심하는 것은 자신의 주관에 따라 자유롭게 목적을 설정할 수 있으나, 설정된 목적을 달성하기 위해서는 재료의 물리적 및 화학적 성질은 필연적으로 준수해야 하며, 이는 철칙과도 같은 필연의 법칙이다. 그래서 모든 창조적 활동은 자유와 필연, 합목적성과 합법칙성, 주관성과 객관성 간의 지속적 상호작용을 통해서 이루어진다. 말하자면, 창조적 삶은 필연적 법칙에 따라 주체적 자유를 실현하는 삶이다.

셋째로, 인간은 대자적 존재(being-for-itself)이고 끊임없이 자아를 실현하려는 존재이다. 인간은 자신의 잠재능력을 끊임없이 꽃피우려는 대자적 존재이다. 동물의 생명활동은 생리적 욕구 충족 그 자체를 목적으로 하는 활동이다. 동물처럼, 인간도 생리적 욕구를 충족해야 한다. 그러나 인간에게 있어서 생리적 욕구의 충족은 삶의 목적이 아니다. 동물과 마찬가지로 인간도 먹어야 살 수 있지만, 인간의 경우, 먹는 것이 삶의 목적은 아니기 때문에, 우리는 기본적인 의식주를 생존의 목적이 아니라 생존의 수단이라고 한다. 말하자면, 기본 욕구를 충족한 다음에 무언가 할 일이 있는 특수한 존재가 인간존재라는 것이다. 인간은 생리적 욕구의 필연에서 해방된 후에도 노동하는 존재이고, 기본 욕구의 필연으로부터 자유로워진 상태의 노동만이 인간 고유의 노동이다.

기본 욕구의 충족을 수단으로 해서 구체적으로 무엇을 해야 하는가는 사람에 따라 다르다. 그러나 보편성의 차원에서 보면, 저마다 고유한 잠재적 가능성을 꽃피우려는 자아실현의 욕구가 있다. 인간의 노동활동은 생리적 욕구 충족을 목적으로 하는 활동이 아니라, 자신의 고유한 잠재

능력을 끊임없이 개발하려는 자아실현 활동이다. 인간은 누구나 자신의 고유한 가능성을 실현하려는 불사조의 열정을 가진 존재요, 끊임없는 자아를 실현하려는 욕구에 불타오르는 대자적 존재이다.

넷째로, 인간은 사회적 존재(social being)이다. 인간은 타인과 함께 살아가는 사회적 존재라는 것이다. 인간노동은 그 본질에 있어서 사회적 실천이요 역사적 실천이다. 인간은 사회적 존재요 역사적 존재라는 것이다. 동물은 자연적 소여를 그대로 이용만하기 때문에, 자연을 이용하는 방법도 세대마다 동일한 방법을 반복한다. 물개가 물고기를 잡아먹는 방식은 예나 지금이나 다른 것이 없다. 그러나 인간은 자연을 창조적으로 변형할 때, 타인의 노동생성물을 도구로 활용하기 때문에, 인간노동은 불가피하게 사회적 실천이요 역사적 실천이다. 우리의 삶은 분리된 개인의 삶일 수 없다.

가령, 어떤 사람이 학원에 다니지도 않고, 자기 방에서 혼자 공부했다고 해도, 사실은 혼자 공부한 것이 아니다. 그가 사용한 책상, 의자, 책, 필기도구 등 물질적 도구만 생각하더라도, 그냥 물질이 아니라, 타인의 노동력이 체현된, 그래서 인간화된 물질이며, 따라서 타인의 도움을 받으며 공부한 것이다. 고향에 돌아와서 받은 밥상을 보고, 어머님의 정성이 깃든 음식이라고 생각하는 것처럼, 우리는 모든 도구를 그냥 물질이 아니라 인간화된 물질, 인간화된 자연으로 볼 수 있어야 한다. 따라서 모든 노동은 동시대 및 이전 시대의 타인과 함께 하는 노동이며, 그래서 인간은 그 본질에 있어서 사회적 존재다.

2
삶의 본질과 현상형태

인간노동은 그 본질에 있어서 의식적 활동이고, 창조적 활동이며, 끊임없이 자아를 실현하는 대자적 활동이면서, 동시에 사회적이고 역사적 실천이다. 따라서 인간은 의식적이고 창조적이며, 끊임없이 자아실현을 추구하고, 공익에 이바지하려는 사회적 존재이며, 마르크스는 이를 인간의 유적본질(類的本質)이라고 한다. 그러나 마르크스가 목격한 19세기 중엽, 영국이나 프랑스 등 선발국의 노동현실은 상상을 초월할 정도로 비참하였다. 당시의 노동은 이러한 인간성을 긍정하는 활동이라기보다는 오히려 인간성을 부정하는 활동이었다. 이는 무엇보다도 당시의 노동현실이 의식적 활동이라기보다는 반사적 활동이요, 자아를 실현하는 활동이 아니라 오히려 자아실현을 억압하는 활동이요, 자원적 활동이 아니라 강요된 노동이며, 인간의 유대를 강화하기보다는 오히려 파괴적 경쟁심을 조장하는 상황이었기 때문이다.

본질적으로 인간은 의식적 주체여야 하나 현상형태에 있어서는 허위의식에 사로잡힌 주체성 없는 주체로 변질되었고, 본질적으로 인간은 창조적 주체이어야 하나 현상형태에 있어서는 창조적 삶에 역행하고, 본질적으로 인간은 자아를 실현하려는 불사조의 열정에 몰입해야 함에도 불구하고 삶의 현상형태는 기본 욕구의 노예로 전락해 있고, 본질적으로 인간은 사회적 주체이어야 하나, 그의 현실적 삶은 타산적이고 이기적인 욕구에 사로잡혀 있기 때문에 인간적 삶의 본질과 그 현상형태 사이에는 메울 수 없는 심연이 가로놓여 있다. 마르크스가 소외라고 하는 것은 바로 이러한 본질과 현상의 괴리를 뜻한다. 마르크스는 이러한 비인간화와 소외의 근본원인은 개인의 도덕적 타락에 있다기보다는 정의롭지 못한 사회구조에 있다는 것이다.

일반적으로 마르크스의 사상을 인간소외와 그 극복 방안을 집중적으로 논의하는 초기의 철학적 인간학과 자본주의적 생산양식의 내적 역동을 경제학적으로 분석한 후기의 역사적 유물론으로 구분한다. 전자는 그의 사상이 추구하는 목적이고, 후자는 이러한 목적 달성을 위한 수단의 탐색이라고 보아야 한다. 그의 후기 사상은 자본주의적 생산양식의 전개과정에서 필연적으로 수반되는 갈등과 모순이 양적으로 누적되어 어떤 한계에 이르게 되면 질적 도약이 일어나 사회주의적 생산양식으로 이행될 수밖에 없는 역사 발전의 필연적 법칙성을 밝힌 데 그 특징이 있다. 따라서 인간소외와 그 극복 방안에 관한 초기 사상은 목적 설정이고, 후기 사상은 그 수단이기 때문에, 전기와 후기 사상이 정합성 있는 하나의 체계를 이룬다고 볼 수도 있다.

요컨대, 마르크스의 인간론은 종차에 착안하여 인간의 유적본질을 의식적, 창조적, 대자적 및 사회적 존재로 규정하고, 이론적으로 추론된 이러한 본질을 준거로 하여, 당시의 삶의 현상형태가 인간성의 긍정이라기보다는 오히려 그 부정이라고 비판한 후, 추상에서 구체로 하강하는 독특한 이론적 비판을 실천에 옮겼다는 데 그 두드러진 특징이 있다. 뿐만 아니라, 인간 연구를 위한 이러한 방법적 전환은 사실의 분석에 가치를 도입하고, 존재의 영역에 당위를, 그리고 필연의 영역에 자유의 영역을 도입함은 물론, 무엇보다도 냉철한 이론에 실천적 열정을 부여함으로써 사회철학의 규범적 토대를 마련한 것이다. 이상과 같이 의식에 나타난 현상만을 분석하는 매우 관념적이고 철학적인 헤겔의 소외 개념은 포이어바흐를 거쳐 마르크스에 이르러 비로소 구체적 현실에 직결된 사회학적 개념으로 변형된 것이다.

3
소외된 노동

마르크스의 소외 혹은 소외된 노동(estranged labor) 개념은 우리의 삶에서 노동이 갖는 중요성에 대한 고유한 관점에 근거한 것이고, 이러한 관점은 헤겔 철학의 노동 개념을 비판적으로 수용한 것이다. 헤겔이나 마르크스는 노동, 일, 생산활동, 생명활동(life activity) 같은 용어를 동의어처럼 사용한다(Marx, 1975 : 328). 따라서 헤겔이나 마르크스의 노동 개념은 우리가 일반적으로 생각하는 노동 개념보다는 그 외연이 아주 넓은 개념이다. 일반적으로 노동은 고되고 힘든 활동이라고 생각한다. 우리 인간은 쉽게 만족하기 어려운 여러 가지 물질적 욕구를 가지고 있고, 노동은 이러한 물질적 욕구 충족을 위한 도구적 활동이기 때문이다. 그러나 헤겔에서 노동 개념은 한편으로는 우리의 물질적 욕구 충족을 위한 도구적 활동이지만, 다른 한편으로는 노동이 곧 우리의 자아실현 활동이고 그래서 활동 그 자체가 중요한 목적적 활동이다.

『정신현상학』의 대상 의식은 우리가 욕망의 눈빛으로 대상을 본다는 주장으로 시작한다. 아무리 탁월한 조각가라도 대리석에 돌아가신 어머님의 인자한 미소를 각인하려는 창작의 욕망은 우선 대리석의 경도나 반응성 같은 그 자체의 자립성 때문에 실현하기 어렵고, 아무리 유능한 목공이라도 아름드리 원목을 다듬어 목제 가구를 만들어보려는 제작의 욕망도 원목의 자립성 때문에 쉽게 충족하기 어려울 것이다. 여기서 우리는 좌절감과 소외감을 느끼게 되나, 헤겔에서는 이러한 소외가 정신 발전의 역사의 끝은 아니다. 이러한 소외를 극복하는 것도 역시 노동을 통해서 가능하기 때문이다. 노동을 통해서 우리가 만든 생산물에 우리의 의지를 외화(externalization)하거나 객관화(objectification) 혹은 대상화하고, 우리의 힘과 능력을 객관적으로 인식함으로써 자의식적 주체로 발전한다 (Sayers, 2011). 헤겔이 생각한 노동은 정신적 노동이고 추상적 노동이지만, 그럼에도 불구하고 인간의 자아실현을 스스로의 노동이 성취한 결과로 파악한 점은 마르크스도 계승한다.

마르크스도 노동에 관한 헤겔의 관점을 수용하면서도 헤겔의 관점을 비판적으로 수정한다. 마르크스도 노동은 우리의 생각을 대상화 혹은 객관화하는 것이고 밖으로 드러내는 외화(外化)라고 본다. 그러나 마르크스는 헤겔과 달리 노동의 객관화나 외화가 항상 자아실현을 가능하게 하는 것은 아니라고 본다. 생산수단의 사적 소유가 제도화된 자본주의적 생산양식하에서는 노동자는 자신이 만든 노동 생산물이 자신과 무관하고 자신에게 낯선 어떤 것으로 느껴지고 자신에게 적대적이고 소원한 어떤 것으로 느껴지기 때문이다(Marx, 1975 : 324). 요컨대, 마르크스도 헤겔처럼 노동은 인간 고유의 생명활동이고, 노동을 통해서 우리의 주관을 생산물 속에 객관화하고 외화함으로써 물질적 재화를 생산하면서 동시에 자기 자신을 거듭나게 한다고 본다. 그러나 마르크스는 헤겔의 노동 개념의 몇 가지 측면을 비판한다. 헤겔의 노동 개념은 현실적 노동이 아니라 사유 속의 노동이고, 구체적 노동이 아니라 추상적 노동이다. 소외의 극복도 사유 속에서 이루어지는 탈소외일 뿐 현실적 탈소외가 아니다. 특히 헤겔은 모든 노동의 객관화가 자아실현에 기여한다고 보나, 마르크스는 사유재산이 제도화된 자본주의 사회에서는 노동을 통한 객관화나 외화가 항상 긍정적인 것이 아니라 노동자를 소외시키는 부정적 활동으로 전락하기도 한다고 본다.

마르크스는『경제적 철학적 초고』(1975/1844)에서 자본주의 사회의 소외 현상을 지적하고 있다. 이 책은『파리 초고』혹은 간단히『초고』라고도 부른다.『초고』에서 마르크스는 당시 자본주의 사회에서 가장 어려운 상황에 처한 노동자들의 참상을 소외라는 개념으로 담아내고 있다. 자본주의 경제제도는 공장, 기계, 자연자원 등 상품생산에 필요한 생산수단의 사적 소유(private property)가 특징이다. 따라서 사회 구성원들은 우선 두 가지 큰 계급으로 분화된다. 생산수단을 소유한 자본가 혹은 부르주아 계급과 생산수단을 소유하지 못한 노동자 혹은 프롤레타리아 계급으로 계층화된다. 노동자들은 생산수단이 없기 때문에, 자본가에게 노동력을 판매하고 자본가에게 제공한 노무의 대가로 임금을 받아서 생활한다. 마르크스는 생산수단의 사적 소유의 결과로 노동자가 겪게 되는 소외를 네 가지 유형으로 구분해서 설명한다(1975 : 322~334).

첫째 유형은 노동 생산물(product)로부터 소외를 뜻한다. 자본주의적 생산양식 하에서 생산물에 대한 통제권은 생산자가 아니라 자본가에게 있다. 따라서 생산물이 생산자에게 친근한 것이 아니라 소원한 것으로 느껴지게 된다. 예컨대, 날로 화려해지는 고층 아파트를 건설하는 노동자들은 아무리 절실하게 집이 필요하다고 해도 그가 지은 아파트에 들어가 살 여유가 없는 것처럼, 노동자는 대체로 자신이 생산한 것을 구매하여 사용할 만한 능력이 없다. 산업화와 분업이 고도화됨에 따라 생산물을 그 생산자와 직접적으로 관련짓기가 점점 어려워진다. 노동자는 그가 생산한 생산물에서 소원함을 느끼게 된다는 것이다. 『초고』에서 마르크스는 이러한 현상을 "노동 생산물에 대한 노동자의 관계가 노동자를 압도하는 어떤 힘을 가진 낯선 대상(alien object)처럼 느껴진다"(1975 : 327)고 표현한다. 이러한 소외감을 노동 생산물로부터 노동자의 소외라고 한다.

둘째 유형은 노동활동(labor activity)으로부터의 소외이다. 생산수단에 대한 소유권을 자본가가 독점하고 있기 때문에, 노동자는 자신의 생산 활동으로부터 소외감을 느끼게 된다는 것이다. 자본가가 노동의 조건, 노동의 속도를 결정하고, 심지어 고용과 해고도 자본가가 결정하기 때문에, 노동자는 노동 과정에서 무엇을 어떻게 할 것인가를 결정하는 과정에서도 소외된다는 것이다.

셋째 유형은 유적 존재(species being)로부터의 소외이다. 인간의 생명활동은 다른 동물과 달리 의식적, 창조적, 대자적, 사회적 활동이고, 이는 모든 사람에 공통된 인간의 유적본질이다. 그러나 자본주의적 생산양식 하에서 살아가는 우리 삶의 현상형태는 의식적이라기보다는 무의식적이고, 창조적이라기보다는 단순한 반복이고, 대자적이라기보다는 기본 욕구의 충족에 급급한 경우가 대부분이고, 사회공익에 이바지하기보다는 파괴적 경쟁심만 심각해지는 것이 현실이다. 우리 삶의 현상형태는 규범적인 유적본질로부터 심히 괴리되고, 따라서 유적본질로부터의 소외가 심각한 상태라 아니할 수 없다.

넷째 유형은 타인으로부터의 소외(alienation of man from man)를 뜻한다. 자본주의 사회는 자유경쟁의 원리를 강조하기 때문에, 파괴적 경쟁심과 상호 무관심이 팽배하다. 파괴적 경쟁심이 노동자와 자본가 사이뿐만 아니라 각 계급 내부에서도 작용되기 때문에 자본주의적 생산양식은 인간으로부터 인간을 소외시킨다는 것이다. 자본가는 노동자의 활동과 생산물을 통제하여 이윤극대화를 추구하기 때문에 노동자와 자본가의 관계가 소원해질 수밖에 없고, 자본가들 상호간 및 노동자들 상호간에도 생존경쟁이 심화되기 때문에 우리는 모두 타인을 목적적 존재가 아니라 도구적 존재로 보기 쉽고 그래서 결국 인간관계로부터 소외된다는 것이다.

이상에서 논의한 노동생산물로부터의 소외, 노동활동으로부터의 소외, 유적존재로부터의 소외, 타인으로부터의 소외 등 네 가지 유형의 소외는 19세기 초엽의 자본주의 사회의 소외 현상을 배경으로 사회문제였다. 마르크스가 『경제적 철학적 초고』에서 소외된 노동이라고 표현한 소외는 기계화로 인해 일자리를 뺏긴 노동자들이 기계를 파괴하던 19세기 초엽의 영국 러다이트(Luddite) 운동이 상징하는 것처럼, 자유방임적 자본주의에서 독점자본주의로 이행하는 전환기에 노동력의 수탈을 둘러싼 갈등을 배경으로 한 소외이론이다. 그러나 20세기 후반 이후 소비자본주의 사회의 소외는 19세기 초엽의 노동자들이 느끼는 소외와는 그 원인과 내용에 상당한 차이가 있기 때문에, 절을 바꾸어 마르쿠제(Marcuse)의 네오마르크스주의적 비판에서 지적하는 소외 현상을 검토하기로 한다.

4
에로스와 문명

마르쿠제(Herbert Marcuse : 1898~1979)의 비판이론은 선진산업사회의 변화된 현실을 설득력 있게 설명하기 위해서 마르크스의 사상에 프로이트의 정신분석이론을 접목시킨 프로이트적 마르크스주의 사상이다. 2차 대전 후 약 10년 동안 미국 자본주의는 역사상 전례 없는 물질적 풍요를 이룩하였다. 노동자들도 승용차를 이용하여 휴가를 즐기고, 자본가들과 같은 텔레비전을 시청하고, 같은 신문을 구독하고, 가정마다 냉장고와 에어컨을 설치할 수 있을 정도의 경제적 풍요를 누리게 됨으로써 이제 계급 적대는 소멸되고 의식화의 가능성도 사라지게 된 것이다. 당시 미국 사회는 갈브레이스의 '풍요로운 사회', 다니엘 벨의 '이데올로기의 종언', 그리고 '소비사회' 같은 표현들이 상징하는 것처럼 눈부신 경제성장을 이룩하였고, 정치적으로는 매카시(McCarthy)의 마녀사냥식 반공 이데올로기가 풍미했을 뿐만 아니라, 학문적으로도 사회과학의 주류이론들이 모두 객관적 사실에 근거한 실증주의적 연구에만 전념함으로써 기존 질서를 정당화하는 강력한 이데올로기적 기능을 수행하고 있었다.

마르크스의 소외론과 프로이트의 정신분석 이론을 독창적으로 종합한 마르쿠제의『에로스와 문명』(1955)의 전반부는 선진산업사회에서 왜 억압이 만연되는가를 밝히고, 후반부는 비억압적 문명의 실현이 필요함을 역설한다. 마르쿠제는『에로스와 문명』(1955)의 서두에서부터 프로이트가 말년에 쓴『문명과 그 불만』에서 피력한 비관론을 비판적으로 검토한다. 프로이트에 따르면 인류는 생존을 위해 본능적 에로스의 욕망을 억압하여 생산적 노동에 투여할 때 비로소 문명사회를 건설할 수 있으나, 문명의 대가로 인간은 심각한 소외와 불만을 감수해야 한다는 것이다. 욕망의 자유로운 만족은 생존을 위한 투쟁에 필요한 규범과 공존할 수 없고, 쾌락 원칙은 현실 원칙과 적대적이기 때문에 억압 없는 문명은 불가능하다는 것이 프로이트의 비관적 문명론이었다.

마르쿠제도 본능적 욕망을 억압하는 것이 문명사회의 전제조건이라는 프로이트의 견해에 동의한다. 그러나 그는 문명의 유지 존속을 위해 모든 사회에 꼭 필요한 기본억압(basic repression)과 소비자본주의가 사회통제의 목적으로 은밀하게 자행하는 과잉억압(surplus repression)은 엄연히 다름에도 불구하고, 프로이트는 기본억압과 과잉억압의 범주적 차이를 간과함으로써, 억압 없는 사회는 있을 수 없다고 보는 보수주의적 문명론을 제기했다고 비판한다(1955 : 40). 프로이트의 문명론은 억압의 보편적 차원과 역사적 차원을 구별하지 못한 몰역사적 이론이며, 억압을 정당화하는 보수주의적 정치 이데올로기로 악용될 수 있다는 것이다.

문명의 유지 존속을 위해 모든 사회가 본능적 욕망을 어느 정도는 억압해야 하나, 사회제도의 역사적 형태에 따라 억압의 양식이 달라진다고 보는 것이 마르쿠제의 관점이다. 그는 소비자본주의 사회에서 자행되는 과잉억압의 메커니즘을 설명하기 위해 수행성 원칙이라는 새로운 개념을 도입한다(1955 : 44). 수행성 원칙(performance principle)은 자본주의 사회가 과잉억압을 통해서 인간의 사고와 행동을 통제하고 지배하는 현대의 특징적인 현실 원칙이다. 다시 말해서 이는 개인이 쌓아올린 경제적 업적 혹은 그 수행도에 따라 희소 자원을 차등 배분함으로써 개인에게는 노동윤리를 강조하고 사회적으로는 자본의 끊임없는 가치 증식을 추구하는 현대사회의 지배 원칙이다.

이러한 목적을 효율적으로 달성하기 위해 자본주의 사회는 노동을 고도로 분화하고, 분화된 역할 간의 관계를 위계적으로 조직하고 통제한다. 이렇게 제도화된 수행성 원칙이 지배하는 사회에서 개인은 점차 목적 합리적이고 효율적이며 비인격적인 노동의 객관적 분업체계 속에 예속되는 것이다. 결국 지배자 없는 지배, 억압자 없는 억압이 자행되고 쾌락 원칙은 사회적 분업체계에 의해 완전히 압도되는 것이다(1955 : 89). 개인의 노동은 그 과정을 자신이 전혀 통제할 수 없고, 인간과 독립된 메커니즘에 따라 작동되는 노동이기에 소외된 노동이지만 생존을 위해서는 이에 복종하지 않을 수 없는 것이다.

쾌락 원칙이 전면적으로 부정되는 소외된 노동을 통해서 만족을 얻을 수 없고, 따라서 노동시간은 고통이고 여가시간에만 쾌락을 느끼는 것이다. 수행성 원칙이 지배하는 현대사회에서 인간은 노동과 놀이가 일치하는 소외되지 않은 노동에서 오는 만족을 누릴 수 없다. 그러나 무의식 수준에 억압된 쾌락 원칙의 요구는 너무나 강렬하기 때문에 자본주의 사회는 여가시간까지도 자유롭게 방치하지 않는다. 여가시간 동안에 본질적 만족을 경험하거나 소외의 실상을 근본적으로 회의하게 되면, 체제로부터 낙오자가 되거나 체제에 도전하는 저항적 실천에 동참할 위험이 있기 때문에, 다양한 흥행산업과 대중매체를 통해서 자본주의 이데올로기를 내면화하도록 조종하는 것이다.

이상과 같이 수행성 원칙과 소외된 노동이 소비자본주의의 역사적 특성에 기인된 과잉억압의 중요한 구성요소라는 사실을 밝힌 후, 마르쿠제는 자율적 예술 개념과 프로이트의 본능이론을 원용하여 과잉억압이 없는 비억압적 문명사회가 실현되어야 할 필요성을 강조한다. 자율적 예술 혹은 진정한 예술(authentic art)은 현실 원칙에 의하여 좌절되고 억압된 완전한 자유와 행복에 대한 인류의 보편적 열망을 예술적으로 표상하는 활동이기 때문에 그 본질에 있어서 기존 질서에 대한 저항이요 지배와 억압에 대한 동조를 전면적으로 거부하는 이른바 위대한 거부(Great Refusal)를 표현하는 수단이라고 할 수 있다(1955 : 145~149). 그러나 오늘날은 자율적 예술마저 문화산업에 이용되기 때문에 그 특유의 비판적 기능을 기대하기 어렵다.

마르쿠제는 또한 프로이트가 말년에 제기한 에로스의 삶의 본능(life instincts)과 타나토스의 죽음의 본능(death instincts)에 관한 메타심리학 속에 아직 발굴되지 않은 해방적 계기가 잠재되어 있다고 본다. 프로이트는 에로스(eros)의 본능을 억압하여 생산적 노동에 투여하는 현실 원칙을 준수함으로써 문명사회를 건설할 수 있으나, 그 대가로 인류는 좌절된 쾌락에 기인된 엄청난 소외와 불만을 감수해야 하고, 이러한 불만이 누적되면 파괴적인 죽음의 본능인 타나토스(thanatos)가 발동하여, 사디즘, 마소키즘, 폭력, 전쟁, 반복강박, 자살충동 등으로 표출된다고 보았다.

프로이트는 에로스와 성욕을 동의어처럼 사용하나, 마르쿠제는 에로스를 성욕을 비롯하여 건전한 인간관계를 형성하고 심미적이고 창조적인 활동을 가능하게 하는 심적 에너지 전반을 총칭하는 넓은 의미로 파악한다(1955 : 205). 마르쿠제가 비억압적 문명이라고 하는 것은 성욕의 완전한 해방이 아니라, 수행성 원칙에 따른 과잉억압이 제거되어 에로스의 본능이 창조적인 활동에 투여될 수 있고, 노동 과정 그 자체가 개인의 잠재적 능력을 실현하는 활동이 될 수 있는 상태를 뜻한다. 이를 실현하기 위해서는 우선 소비자본주의 사회의 가공할 억압을 타도해야 하기 때문에, 마르쿠제는『에로스와 문명』에 붙인 1966년의 서문에서 "오늘날 삶을 위한 투쟁은 에로스를 위한 투쟁이며 이는 곧 정치적 투쟁"이라고 선언하였다. 그러나 업적위주의 차등보상을 분배적 정의로 확신하는 자본주의 사회에서 수행성 원칙을 폐기하는 것이 결코 용이한 일이 아니기 때문에 비억압적 문명의 실현 가능성에 관한 마르쿠제의 대안은 현실성이 빈약하다.

5
일차원적 인간

'선진산업사회의 이데올로기 연구'라는 부제를 붙인 『일차원적 인간』
(1964)에서, 마르쿠제는 고도로 발전된 선진산업사회는 바로 그 발전의
원동력인 테크놀로지 혹은 기술적 합리성이 새로운 차원의 강력한 사회
통제 수단이며, 기존 체제를 정당화하는 이데올로기적 기능을 수행한다
고 본다. 마르쿠제가 기술적 합리성이라고 하는 것은 마르크스의 상품의
물신숭배 개념, 베버의 목적합리성 개념, 루카치의 사물화 개념, 그리고
호르크하이머와 아도르노의 도구적 이성에 해당하는 개념이고, 선진산
업사회의 이데올로기와 문화적 병리현상을 비판하기 위해 도입한 개념
이다.

계몽 이후 현대과학과 테크놀로지는 실재의 본질적 가치보다는 도구
적 가치를 중요시하고, 자연의 내재적 본질보다는 도구적 기능만을 탐구
해왔다. 과학과 테크놀로지에 체현된 기술적 합리성은 자연을 탈신비화
시켜 객관화하고 수량화함으로써 인간이 지배하고 통제할 수 있는 잠재

적 도구로 파악하는 도구주의적 사고방식이다. 계몽 이래의 현대과학과 테크놀로지는 그 논리 자체 안에 대상세계를 통제하고 지배하려는 목적 합리적 사고와 도구적 사고방식이 체현되어 있기 때문에, 과학과 테크놀로지는 가치중립성을 표방하면서 그 사회적 소명이나 가치판단 같은 것은 원천적으로 배제하는 것이 특징이다(1964 : 153).

그래서 현대과학은 자연을 비롯한 모든 대상의 지배를 필연적으로 수반할 뿐만 아니라, 더욱 심각한 문제는 인간과 자연의 관계를 달리 설정하거나 자연을 다른 방식으로 이해할 수 있는 가능성마저 억압하는 것이다. 일차원적 인간이나 일차원적 사회라고 할 때 마르쿠제가 '일차원적'이라고 하는 것은 대안적 사고를 원천적으로 배제하는 사고방식을 뜻하고, 그래서 변증법적 사고에 대립되는 개념을 지칭한다. 결국 기술적 합리성이 지배하는 일차원적 사회는 기존 체제를 비판하거나 기존 체제에 저항하는 모든 유형의 대안적 사고를 허용하지 않기 때문에 억압적이고, 대안적 사고와 비판적 사고를 허용하지 않는 이러한 기술적 합리성을 내면화한 현대인은 일차원적 인간이라는 것이다.

『일차원적 인간』에서 마르쿠제는 자본주의와 사회주의를 가릴 것 없이 테크놀로지와 기술적 합리성이 지배하는 선진산업사회를 비판의 대상으로 삼는다고 하면서도, 그의 논의는 실제로 선진자본주의 사회의 이데올로기와 문화적 병리를 비판하는 데 치중하고 있다. 그는 선진자본주의의 가장 찬란한 성과 속에 은폐된 파괴적 경향을 폭로하고, 선진자본주의가 자부하는 합리성 그 자체의 비합리성을 비판한다. 선진자본주의의 경제적 성장과 풍요의 이면에는 비인간화와 소외가 만연되어 있고, 자본주의가 표방하는 자유와 민주주의는 조작된 것이며, 자본주의 사회의 문화는 문화라기보다는 오히려 소비욕구를 부추겨 이윤만을 추구하는 물신숭배요 이데올로기적 세뇌와 다를 바 없다는 것이다.

선진자본주의 사회는 한편으로는 물질적 풍요를 통해 인간을 빈곤으로부터 해방시키면서도, 다른 한편으로는 문화산업을 통해 허위의 욕구를 끊임없이 부추겨 에로스의 창조적 승화를 억압하고 비판적 의식을 마비시킴으로써 현대인을 기존 질서에 동조하는 개성 없는 일차원적 인간으로 전락시킨다. 이제 현대인은 내면의 진정한 자아를 망각하고, 승용차, 고급 의류, 날로 새로운 모델의 휴대전화, 그리고 각종 전자제품 속에서 자신의 영혼을 발견하며, 그렇게 함으로써 만족과 행복을 느끼도록 은밀하게 통제 조종되고 있다. 따라서 현대인은 물질적 풍요 속에 소유나 소비를 통해서 풍요를 가능하게 한 기술적 합리성과 그 현상형태인 현존 질서를 동일시하게 되고, 결국 비판의식이 마비된 일차원적 존재로 전락되는 것이다(ibid, 9~11).

마르쿠제가 보기에, 선진산업사회의 가장 두드러진 특징은 모든 잠재적 저항과 비판의식을 봉쇄하여 기존의 지배구조를 안정화시키는 은밀한 통제 메커니즘이다. 그리고 바로 이러한 일차원적 사회는 지배 이데올로기를 수용하고 기존 체제에 동조하도록 욕망과 의식을 조정하는 새로운 유형의 지배 메커니즘인 과잉억압을 통해서 가능한 것이다. 그러나 새로운 유형의 과잉억압은 억압받는다는 사실을 의식하지 못하도록 하는 비가시적 억압이며, 해방의 명분을 표방한 비인간적 억압이다. 이는 흥행 위주의 다양한 향락산업과 성 해방 및 상품화 등 주로 퇴폐적인 문화산업을 조장함으로써 에로스의 창조적 승화를 가로막고 헛된 욕망을 부추겨 비판적 이성을 마비시키는 가공할 억압이라는 것이다. 요컨 대, 『에로스와 문명』(1955)에서 마르쿠제는 현실 원칙과 쾌락 원칙의 공존 가능성을 끈질기게 탐색하는 유토피아적 경향을 보였으나, 『일차원적 인 간』(1964)에서는 유토피아적 열정을 찾아보기 어렵다.

이와 같이 향락과 흥행 위주의 퇴폐적 문화산업은 진정한 의미의 긍정적 문화를 짓밟고, 겉으로는 해방과 자유를 표방하면서도 실제로는 인간 이성을 마비시키기에 억압적이며, 에로스의 창조적 승화를 가로막는 것이기에 역승화인 것이다. 따라서 마르쿠제는 테크놀로지가 고도로 발전된 소비자본주의 사회가 인간을 향락만을 추구하는 일차원적 존재로 전락시키는 후기산업사회의 이러한 사회통제 원리를 억압적 역승화(repressive desublimation)라고 한다. 요컨대 기술적 합리성에 의하여 전면적으로 지배되는 사회가 일차원적 사회이며, 기술적 합리성과 도구적 이성에 매몰된 인간이 일차원적 인간이고, 오늘날의 대중문화는 무의식적 욕망을 끊임없이 부추겨 비판적 이성을 마비시키고 자아실현의 고차적 욕망을 억압하는 소외된 문화라는 것이다.

다시 말해서, 자본주의적 생산양식은 현대적 테크놀로지에 의존하기 때문에 새로운 유형의 합리성인 기술적 합리성(technological rationality)을 존중한다. 기술적 합리성은 인간 정신을 기계적 과정에 종속시키는 것을 뜻하기 때문에, 기술적 합리성이 지배하는 사회에서는 사람이 기계를 다루는 것이 아니라, 오히려 기계가 사람을 통제하고 지배하는 것이다. 결국, 기술적 합리성이 개인에 내면화되어, 인간의 사고, 감정, 행동성향이

복종과 순응을 요구하는 기술적 합리성에 의하여 형성되기 때문에 비판적이고 변증법적 사고 같은 대안적 사고가 말살되고 일차원적 존재로 전락한다는 것이다.

현대과학은 자연을 비롯한 모든 대상의 지배를 필연적으로 수반할 뿐만 아니라, 더욱 심각한 문제는 인간과 자연의 관계를 달리 설정하거나 자연을 다른 방식으로 이해할 수 있는 가능성마저 억압하는 것이다. 일차원적 인간이나 일차원적 사회라고 할 때 마르쿠제가 '일차원적(one-dimensional)'이라고 하는 것은 이와 같이 대안적 사고를 원천적으로 배제하는 사고방식을 뜻하고, 그래서 변증법적 사고에 대립되는 개념을 지칭한다. 결국 기술적 합리성이 지배하는 일차원적 사회는 기존 체제를 비판하거나 기존 체제에 저항하는 모든 유형의 대안적 사고를 허용하지 않기 때문에 억압적인 것이다.

『일차원적 인간』에서 마르쿠제는 테크놀로지와 기술적 합리성이 지배하는 선진산업사회를 비판의 대상으로 삼고, 선진산업사회의 이데올로기와 문화적 병리를 비판하는 데 치중하고 있다. 그는 선진자본주의의 가장 찬란한 성과 속에 은폐된 파괴적 경향을 폭로하고, 선진자본주의가 자부하는 합리성 그 자체의 비합리성을 비판한다. 선진자본주의의 경제적 성장과 풍요의 이면에는 비인간화와 소외가 만연되어 있고, 자본주의가 표방하는 자유와 민주주의는 조작된 것이며, 자본주의 사회의 문화는 문화라기보다는 오히려 소비욕구를 부추겨 이윤만을 추구하는 물신숭배요 이데올로기적 세뇌와 다를 바 없다는 것이다.

요컨대, 일차원적 인간이라는 개념의 핵심적 주장은 인간적 삶에 기존

의 차원과 다른 차원(other dimensions)이 있을 수 있다는 것과 다른 차원의
사고방식이 억압되고 배제되었다는 것이다. 마르쿠제에 따르면, 억압과
배제의 원리가 특수하다. 기술적 합리성 때문에 이룩한 물질적 풍요 속
에 현대인은 소유나 소비를 통해서 풍요를 이룩한 기술적 합리성을 동일
시하고 결국 비판의식이 마비된 일차원적 인간으로 전락하게 된다. 뿐만
아니라, 소비자본주의 사회는 향락위주의 퇴폐적 문화산업을 조장함으
로써 에로스의 창조적 승화를 억압하고, 헛된 욕망을 부추겨 비판적 이
성을 마비시키는 가공할 억압을 자행한다는 것이다. 그러나 『일차원적
인간』은 이러한 억압과 지배를 극복할 수 있는 방안에 대해서는 극히 회
의적이다.

소비자본주의 사회에 대한
보드리야르의 기호학적 성찰

Jean
Baudrillard

오늘날 소비는 그 자체가 목적이 아니라, 남에게 과시하는 것이 목적이고,

남과 차별화하려는 것이고, 남의 인정을 받으려는 인정욕망이 목적이다.

그러나 오늘날 소비활동은 개인의 자율적 선택과 관계없이 사회적으로

코드화된 기호의 논리에 순응하는 과정이고, 기호에 흡수되는 과정이며,

기호를 수용하고 전달하는 환유의 연쇄 속에 인간이 사라지는 심각한

비인간화와 소외의 징후이다.

1
보드리야르 사상적 영향

보드리야르(Jean Baudrillard : 1929~2007)는 포스트모던 문화분석가로 유명한 프랑스의 사회학자이면서 철학자이다. 그는 프랑스 북동부의 랭스(Reims)에서 태어났고 소르본대학에서 수학하였다. 보드리야르는 일상적 삶의 비판으로 유명한 앙리 르페브르(Henri Lefevre)의 지도하에 학위 논문인『사물의 체계』(1968)를 출판한 후『소비의 사회』(1970),『기호의 정치경제학 비판』(1972) 등 초기저작을 통해서 소비사회의 특성을 집중적으로 분석하였다. 소비사회를 연구하면서도 처음에는 마르크스주의 사회학적 비판에 초점을 맞추었으나, 마르크스주의에 대한 불만과 함께 소비사회의 분석에 구조주의와 기호학적 관점을 도입하기 시작하였다. 자본주의 사회의 기호학적 비판으로 유명한 바르트(Roland Barthes)의 영향하에 보드리야르도 구조주의와 기호학적 분석을 과감히 도입하였다. 그의 초기 저작들 특히『소비의 사회』는 그 부제(subtitle)에도 "구조"라는 용어가 등장할 뿐만 아니라 이 책의 내용도 구조적 관점과 기호학적 관점이 뚜렷하

다. 그는 우리가 일상적으로 소비하는 사물 혹은 상품을 그 유용성보다
는 일종의 기호체계(a system of signs)로 보기 시작하였고, 일상적 소비나 여
가의 구조에 체현된 이러한 기호체계를 사회학적으로 탈코드하고 해석
하려고 노력하였다. 보드리야르의 초기 사상, 특히『소비의 사회』에 영
향을 미친 많은 이론 중에서 우선 마르크스, 뒤르켐, 베블런의 핵심적 영
향을 정리해두는 것이 소비사회에 대한 그의 비판적 담론을 이해하는 데
도움이 되리라 믿는다.

　그는 마르크스주의로부터 시작하고 나중에는 마르크스주의와 비판적
거리를 두면서도, 그가 특히『소비의 사회』에서 비판적으로 성찰하는 소
외 개념은 마르크스의 물신숭배(fetishism), 물상화(reification) 혹은 소외 개
념과 상당한 유사성이 있다. 마르크스는 생산이 인간소외의 원인이라고
보고 자본주의가 극복되면 소외 극복이 가능하다고 보았으나, 보드리야
르는 소비가 인간소외의 원인이고, 모든 것을 상품으로 팔고 사는 소비
자본주의 사회의 구조 그 자체가 소외이기 때문에 소외의 극복은 불가능
하다고 주장한다(1998 : 190). 이러한 강조점의 차이에도 불구하고 보드리
야르의 소비사회 비판에는 마르크스의 사상적 흔적이 뚜렷하다. 시장경
제가 본격화되는 과정에서 마르크스는 생산이 사용가치(use value)가 아니
라 교환가치(exchange value)를 지향함으로써 교환가치가 사용가치에서 독
립하여 물상화되는 현상을 비판하였고, 이는 소비사회가 본격화됨에 따
라 보드리야르가 상품의 사용가치는 외면되고 사회적 지위를 상징하는
기호가치(sign value)가 전면에 부각되는 소비자본주의의 병리에 대한 비판
과 논리적 형식이 매우 유사하다.

뒤르켐(Emile Durkheim)의 사회학적 관점도 보드리야르의『소비의 사회』에 상당한 영향력이 있다(1998 : 4). 뒤르켐에 따르면, 개신교 국가가 가톨릭 국가보다 자살률이 높고, 같은 나라라 하더라도 개신교 공동체가 가톨릭 공동체보다 자살률이 높은 것은 집단응집도 때문이다. 개신교는 가톨릭보다 원래 신자 개인과 하나님 간의 직접적 만남을 더 강조한다. 그러나 가톨릭은 개인 위에 대모가 계시고 아래로 대녀가 있을 뿐만 아니라, 좌우로 레지오 멤버들이 군대조직 못지않게 체계적으로 잘 짜여 있는 구조이기 때문에, 가톨릭이 개신교 공동체보다 구성원 간 결속력 혹은 집단응집도가 더 높다. 집단응집도의 이러한 차이가 사회적 혼란기에 자살률의 유의차의 원인일 수 있다는 것이다. 집단응집도 같은 것은 구성원 개인의 주관을 초월하는 사회적 사실이기 때문에, 이러한 경우에는 자살을 개인의 행위로 볼 것이 아니라 사회적 현상으로 해석할 필요가 있다는 것이다. 오늘날 우리가 상품의 사용가치보다는 계층적 혹은 신분적 차이를 상징하는 기호가치를 중요시한다고 할 때, 기호가치의 선호도 사회적 사실로 보아야 한다는 것이 보드리야르의 관점이다. 이는 명품에 대한 취향이나 욕망을 개인의 욕망이라고 볼 수도 있으나, 개인의 이러한 욕망도 타인의 인정을 받고자 하는 인정욕망이고, 라캉의 용어로는 타자의 욕망을 욕망하는 것이기 때문에, 자살이 사회적 현상인 것처럼, 소문난 명품을 구매하고 싶은 욕망도 사회적 현상이라고 볼 수 있기 때문이다.

베블런(Thorstein Veblen)의 과시적 소비(conspicuous consumption) 개념도 보드리야르의『소비의 사회』에 핵심적 개념으로 등장한다. 과시적 소비 개념은 노르웨이계 미국 경제학자이자 사회학자인 베블런이 1899년에 펴낸『유한계급론(*The Theory of Leisure Class*)』에서 처음 도입한 개념이다. 유한계급은 땀 흘리고 일할 필요 없이 여가를 즐길 수 있는 사람들 중에서 터무니없는 낭비를 일삼는 당시의 부유한 상류계층을 뜻한다. 유한계급의 특징은 남들이 흉내내기 어려울 정도로 값비싼 사치품을 사용하고 과시적 소비를 통해 사회적 지위를 과시하는 경향을 뜻한다. 보드리야르는 과시적 소비 개념을 유용하게 활용하면서도, 이를 변형하여 "비과시적 소비(inconspicuous consumption)"라는 새로운 개념을 도입한다(1998 : 6). 이는 상류계급의 과시적 소비를 중간계급도 모방하면, 상류계급 구성원들은 전통적 브랜드 사치품보다 눈에 덜 띄는 은근한 럭셔리 제품을 더 선호하는 경향을 뜻한다. 예컨대, 루이비똥이나 구찌 같은 사치품을 중산층까지도 사용하면, 엘리트 계층은 로고를 작게 줄이거나 핸드백의 겉면이 아닌 안쪽에 상표를 넣는 식으로 비과시적 소비 패턴을 개발함으로써 보다 새롭고 정교한 차별화를 만들어 타인의 인정을 받으려는 욕망이 소비사회에 만연되어 있다는 것이다. 이와 같이 우리의 욕망은 결국 타자의 욕망이고 또한 그것은 끊임없이 차연되기 때문에 소외를 극복하기 어려운 것이다.

2
구조주의와 기호학

오늘날 소비문화를 이해하기 위해서는 1960년대부터 유럽 특히 프랑스에서 일어난 사상적 지각변동을 알아야 한다. 보드리야르가 학문 활동을 시작하던 60년대 중엽에는 소쉬르, 레비스트로스, 바르트로 이어진 구조주의가 지배적 사조였고, 뒤이어 나타난 포스트구조주의와 포스트모더니티 혹은 포스트모더니즘의 출현은 의식적 주체를 중심으로 하던 종래의 현상학적 철학과는 근본적으로 다른 사조라 할 수 있다. 포스트구조주의나 포스트모더니즘의 핵심적 내용이 구체적으로 무엇인가에 대해서는 보드리야르, 푸코, 데리다, 라캉 등 관련된 학자들마다 다르기 때문에 한마디로 보편적 정의를 내릴 수는 없다. 그러나 이 논의를 설득력 있게 전개하기 위해 여기서는 우선 보드리야르의 경우에 한정해서, 그의 구조주의적 혹은 기호학적 관점과 포스트구조주의 혹은 포스트모더니즘은 무엇인가를 네 가지 개념으로 요약해서 설명하려고 한다.

첫째 특징적 개념은 실재(reality)와 실재의 이미지(its image)가 다르다는 것이다. 보드리야르의 구조적 관점 혹은 기호학적 관점은 실재와 실재의 이미지는 다르다고 본다. 거울에 비친 나의 거울상(mirror image)은 나 자신과 다르다는 것이고, 하나님 자체와 하나님에 대한 이미지가 다르고, 성모 마리아와 성모 마리아의 조각 이미지는 다르고, 광고용 빅맥(Big Mac)의 영상 이미지가 실재 빅맥과 다르다는 것이다. 전통적 언어관에 따르면, 언어는 실재를 여실히 전달하는 수단이다. 그러나 소쉬르의 구조주의 언어학 혹은 기호학에서는 언어가 전달하는 것은 실재가 아니라 실재에 대한 개념 혹은 이미지라고 주장한다. 실재와 실재의 이미지가 엄연히 다르다는 것은 구조주의와 포스트구조주의의 공통된 입장이다. 여기서 이미지는 기호, 상징, 상징적 기호 혹은 보드리야르가 시뮬라크르라고 부르는 것도 모두 비슷한 개념이다. 보드리야르에 따르면, 상품 그 자체보다는 그 상품의 상징적 의미에 더 높은 가치를 부여하는 것이 오늘날의 일상적 소비문화의 관행이고, 따라서 오늘날 우리가 소비하는 것은 상품이 아니라 그 기호와 이미지라는 것이다(1998 : 7).

둘째 특징적 개념은 이미지나 기호의 의미 결정에 관한 것이다. 소쉬르의 구조주의에서 기호의 의미는 다른 기호들과의 차별적 관계 혹은 차이를 통해서 결정된다. '우유'라는 기호의 의미는 냉수가 아니고 우유, 커피가 아니고 우유, 보리차가 아니고 우유라고 생각하는 것처럼, 우리의 무의식적 어휘 목록에 잠재된 음료 계열을 이루는 수많은 기호들과의 차별적 관계 혹은 차이를 통해서 결정된다. 이와 같이 구조주의에서 기호의 의미는 차이를 통해서 결정된다고 보나, 포스트구조주의에서는 차이가 끝없이 이어지기 때문에 최종적 의미 결정은 불가능하고, 따라서 차별화도 끊임없이 계속된다고 본다. 예컨대, 내가 고급 승용차를 사용하는 것은 그 승용차의 수송 능력보다는 그 승용차 때문에 사회적으로 인정받는 능력이나 명성 혹은 지위에 더 높은 가치를 부여한다는 것이다. 그러나 현재 우리가 사용하는 고급 승용차가 대중화되고 나면, 우리는 좀 더 값비싼 새로운 고급 승용차로 바꾸어 끊임없이 차별화를 유지하려 한다. 그래서 보드리야르는 "소비 과정에서 우리가 추구하는 것은 특정 상품이라기보다는 차이를 추구하는 것이고, 차이의 추구는 끝이 없다"(1998 : 7)고 보는 것이다. 결국, 보드리야르의 이러한 관점은 소비문화에 대한 포스트구조주의적 비판이고 포스트모던한 비판이라 할 수 있다.

셋째 특징적 개념은 요소보다 요소들 간의 체계적 관계가 더 중요하고, 개인보다는 사회적 규칙이 더 중요하고, 구조언어학의 용어로 표현하면, 개별적 발화(parole)보다는 언어 사용의 사회적 규칙(langue)이 더 중요하다는 개념이다. 요컨대, 구조주의적 관점은 어떤 행동을 개인이 자율적으로 선택한 것으로 보기보다는 그 개인이 그러한 행동을 할 수밖에 없도록 만든 사회적 효과로 보는 것이 특징이다. 다시 말해서, 구조주의적 관점 혹은 기호학적 관점은 개인을 의식적 주체라거나 선택의 주체로 생각해온 현상학적 관점을 거부하고 의식적 주체라는 문제 틀과 단절하는 것이 특징이다. 주체를 해체하고 탈중심화시키는 이러한 경향은 구조주의와 포스트구조주의의 공통점이다. 그래서 보드리야르는 소비현상을 분석할 때, 개인적 취향이나 "개인적 만족의 논리(individual logic of satisfaction)"를 버리고 항상 "사회적 차별화의 논리(social logic of differentiation)"에 초점을 맞춘다(1998 : 8). 예컨대, 어떤 사람이 값비싼 롤스로이스(Rolls-

Royce) 승용차를 구입했다고 할 때, 이러한 구매 행동을 그의 개인적 취향으로 보기보다는, 사회적으로 은밀히 작동되고 있는 차별화의 논리가 그로 하여금 롤스로이스를 구매하도록 유인하는 소비 이데올로기의 호명에 부응한 것으로 해석한다. 보드리야르는 이와 같이 "소비를 개인에 외재하고 개인을 억압하는 사회적 사실과도 같은 하나의 구조적 특성"으로 파악한다(1998 : 15).

끝으로, 구조주의적 관점은 의식적 주체보다는 무의식적 구조를 더 중요시한다. 레비스트로스의 구조인류학이 일관되게 강조하는 것은 문화가 표면적으로는 매우 다양함에도 불구하고, 심층적 차원에서 추론하면 우열을 가릴 수 없을 정도로 동질적인 어떤 보편적 구조를 공유하고 있다는 것이다. 문화를 근본적 차원에서 보면, 인간이 대상세계를 먹을 수 있는 것과 먹을 수 없는 것, 결혼할 수 있는 사람과 결혼할 수 없는 사람 등으로 구분하는 데서 유추할 수 있는 것처럼, 인간이 대상세계에 이원적 대립의 형식을 부여해서 만든 것이고, 이원적 대립의 형식은 의식적 사고의 산물이라기보다는 모든 인류에 보편적인 무의식적 사유구조라는 것이다. 보드리야르도 소비에 대한 사회학적 연구는 표면의 의식적인 수준을 극복하고 사회적 기호와 코드가 작동되는 무의식적 메커니즘의 분석에 초점을 맞추어야 한다고 본다(1998 : 8). 소비행태를 표면적으로 보면 의식적 선택처럼 보일 수 있으나, 소비현상의 심층적 이면에는 사회적 차별화의 논리가 작동되고 있다는 것이다.

요컨대, 소쉬르의 구조언어학과 레비스트로스의 구조인류학에서 강조하는 구조주의적 관점 혹은 기호학적 관점은 크게 네 가지로 요약할 수 있다. 첫째로, 기호가 전달하는 것은 실재가 아니라, 실재에 대한 개념 혹은 이미지라는 것이다. 둘째로, 기호의 의미는 다른 기호들과의 차이 혹은 차별적 관계를 통해서 결정되나, 소비과정에서 차별화는 끊임없이 차연되기 때문에 차별화를 추구하는 욕망에는 끝이 없다. 셋째로, 소비 현상을 해석할 때는 개인적 취향이나 개인적 만족의 논리를 극복하고 사회적 차별화의 논리에 초점을 맞추어야 한다는 것이다. 넷째로, 소비문화는 의식적인 수준보다는 심층적 무의식의 메커니즘을 분석해야 한다는 것이다.

어떻든 소비자본주의 사회에서는 상품의 기능을 구매하는 것이 아니라, 상품의 이미지나 기호를 구매하고, 사용가치를 소비하는 것이 아니라, 상품의 기호가치를 소비한다는 것이다. 초기의 자본주의 발전은 베버가 주장한 것처럼, 개신교도의 종교적 생활윤리가 강조하는 금욕적 실천을 통해서 소비를 억제하고 생산에 집중함으로써 가능했다고 볼 수 있다. 그러나 생산력이 고도화되어 상품이 대량으로 쏟아져 나오는 오늘날은 무엇보다 소비를 유도하는 것이 중요하다. 다시 말해서, 소비자본주의 단계에서는 인간의 소비욕구를 부추기는 유혹의 기술이 발달해야 한다는 것이다. 소비욕구를 부추기는 유혹의 방법으로 상품에 사용가치 이상의 어떤 유인 요인을 각인해야 한다. 보드리야르는 사용가치 이상의 유인(誘因) 메커니즘을 사회적 지위나 신분을 나타내는 기호가치라 한다. 소비사회에서 이제 상품은 사회적 지위나 신분을 나타내는 기호로 조작된다. 소비는 차이를 통해 사회적 지위나 신분을 상징하는 기호 조작(manipulation of signs) 행위라 할 수 있다.

3
하이퍼리얼리티

보드리야르의 핵심적 주장은 테크놀로지 발달이 고도화된 포스트모던 사회 혹은 소비자본주의 사회는 상품의 유용성에 가치를 부여하기보다는 오히려 그 상품의 이미지나 상징적 기호에 더 높은 가치를 부여하고, 사물 그 자체보다는 사물의 이미지를 더 중요시하는 경향이 뚜렷하다는 것이다. 그럼에도 불구하고 이러한 이미지나 기호가 상품화되고 거래되는 것이 엄연한 현실이기 때문에, 좀 과장하면, 이제 우리는 인위적 이미지(artificial simulations)가 실재(reality)를 능가하거나 대체하고, 인공지능(artificial intelligence)이 인간지능(human intelligence)을 대체하는 세상에 살고 있다. 이러한 시대적 특성 때문에, 오늘날 우리는 실재와 그 표상, 실재와 그 이미지, 보드리야르의 용어로 "실재와 그 시뮬라크르"를 구별하기 어려운 경우도 많다. 내가 쓴 글을 친구에게 전자메일로 전송한 경우, 내가 가지고 있는 파일은 원본이고, 친구에게 보낸 파일은 사본이라고 할 수 없는 것처럼, 원본과 사본의 구별이 어려운 경우가 많기 때문이다.

『시뮬라크르와 시뮬레이션』(1981)의 첫 장인 "시뮬라크르의 점진적 변화(the Precession of Simulactra)"의 서두에서, 보드리야르는 실재와 그 표상, 실재와 그 이미지, 혹은 실재와 그 시뮬라크르의 관계를 설명하기 위해 보르헤스의 우화(Borges fable)를 사례로 들고 있다(1994 : 1). 제국의 지도 제작자들이 아주 정확하고 자세한 지도를 제작하여 결국 지도가 영토를 정확히 덮어버리게 되었다는 이야기인데, 이 지도 이야기가 시뮬레이션의 가장 그럴듯한 비유라는 것이다. 이러한 지도의 비유처럼, 표상(representation)은 원래 실재와의 등가성에서 출발했으나, 오늘날의 시뮬레이션은 실재의 표상과는 전혀 무관하기 때문에 이러한 지도의 비유는 더 이상 의미가 없게 되었다는 것이다. 보드리야르는 기호나 이미지가 실재의 여실한 재현에서 단계적 변화를 거쳐 순수 시뮬라시옹에 이르는 단계를 네 가지로 구분한다(1994 : 6).

첫째 단계는 봉건시대의 특징으로 이미지가 실재를 반영(reflection)하는 단계이다. 둘째 단계는 산업혁명의 시기로 기호나 이미지가 실재를 감추고 왜곡(perversion)하는 단계이다. 셋째 단계는 20세기 초엽에서 중엽까지의 특징으로 기호나 이미지가 실재의 부재(absence of reality)를 감추는 단계이다. 넷째 단계는 최근의 경향으로 실재와 전혀 무관한 순수 시뮬라크르의 단계이다. 따라서 보드리야르는 보르헤스의 우화에 나오는 지도의 비유 같은 실재와 표상의 등가성은 더 이상 우리에겐 의미가 없다는 것이다. 그 이유는 오늘날과 같은 탈현대적 시대에는 시뮬레이션이 실재를 반영하는 것도 아니고, 실재를 지시하는 것도 아니고, 실재와 전혀 무관한 어떤 모델에 따라 새로운 실재를 만든 것이기 때문이다. 보드리야르는 이러한 시뮬레이션을 하이퍼리얼이라고 부른다(1994 : 1).

하이퍼리얼리티(hyperreality)는 특히 테크놀로지 발달이 고도화된 포스트모던 사회에서 실재와 그 실재의 이미지가 구별하기 어려울 정도로 비슷하거나, 실재보다 더 실재 같은 표상이나 이미지를 뜻한다. 예컨대, 광고용 빅맥(Big Mac)의 사진 이미지가 실재 빅맥보다 더 먹음직스럽게 보이는 경우에 전자를 하이퍼리얼하다고 한다. 취업 원서용으로 찍은 사진이미지가 평소 사진보다 확 달라 보일 경우에도 원서용 사진 이미지를 하이퍼리얼리티라거나 하이퍼리얼하다고 한다. 디즈니랜드가 진짜 미국보다 더 미국을 그럴듯하게 미화하기 때문에 보드리야르나 움베르토 에코(Umberto Eco) 같은 기호학자들이 디즈니랜드를 전형적인 하이퍼리얼리티의 사례로 든다. 요컨대, 하이퍼리얼하다거나 하이퍼리얼리티라는 것은 실재보다 더 실재 같다는 뜻으로 이를 과(過)실재, 초(超)실재, 초과실재 혹은 극(極)실재 등으로 번역한다. 그러나 여기서는 의사소통이 왜곡되지 않도록 발음을 따라 하이퍼리얼리티라는 표현을 그대로 사용하기로 한다.

시뮬라크르(simulacre)와 시뮬레이션도 보드리야르가 그의 저서『시뮬라크르와 시뮬레이션』(1981)에서 처음 도입한 개념으로 하이퍼리얼리티에 가장 근본적인 개념이다. 시뮬라크르의 단어 자체는 실재의 모사(copy)나 재현(reflection)이라는 의미를 가진다. 그러나 보드리야르는 이를 전혀 다른 의미로 사용하기도 한다. 그는 실재가 없는 이미지, 혹은 원본이 없는 사본을 시뮬라크르라 부른다. 예컨대, 미키마우스나 산타클로스, 혹은 텔레비전 연속극에서 대중적 인기가 대단했던 의사나 변호사, 혹은 북극의 끝없는 설원에 빨간 색깔로 선전된 코카콜라처럼 실재하지 않는 것을 실재하는 것처럼 만들어 낸 인공현실 혹은 가상현실도 시뮬라크르라고 생각한다. 시뮬레이션(simulation) 혹은 시뮬라시옹은 시뮬라크르의 동사형이기 때문에 인공현실 혹은 가상현실을 만드는 과정을 뜻한다.

보드리야르는 시뮬레이션을 소비자본주의 사회의 문화를 움직이는 강력한 힘이라고 생각한다. 시뮬레이션은 실재 없는 이미지 혹은 원본 없는 사본으로 원본을 능가하고 압도한다. 보드리야르는 오늘날의 문화는 시뮬레이션으로 과포화되었기 때문에 우리 정신의 모든 영역에 침투하여, 실재보다 더 실재적인 하이퍼리얼의 위력을 발휘한다는 것이다. 이제 소비자는 실재를 추구하고 욕망하는 것이 아니라, 시뮬레이션을 추구하고 욕망하는 것이다. 과시적 소비욕구에 사로잡힌 소비자는 루이비통 가방이나 스포츠카 람보르기니 그 자체를 추구하고 욕망하는 것이 아니라, 거기에 각인된 사회적 지위나 신분을 추구하고 욕망하는 것이다. 요컨대, 소비자본주의 사회의 문화에는 소비욕구를 부추기는 유혹(seduction)의 기술이 고도화된 시뮬레이션이 작동하고 있기 때문에 소비를 사회적으로 강요된 것으로 본다.

4

소비와 인정욕망

보드리야르가 보기에 소비사회의 문화를 분석하기 위해서는 마르크스의 정치경제학에 구조주의와 기호학적 관점을 과감하게 도입할 필요가 있다. 보드리야르가 사물을 보는 관점은 마르크스의 관점과 다른 점도 있기 때문이다. 떡과 포도주가 가톨릭의 성찬예식을 통해서 그리스도의 몸과 피로 변화하는 것처럼, 마르크스는 사물의 사용가치(use value)가 시장경제를 통해서 교환가치(exchange value)로 변화된다고 본다. 사물의 사용가치가 교환가치로 변화되면, 인간의 노동을 반영해야 할 상품의 가치가 마치 인간노동과 전혀 무관한 상품 그 자체의 객관적 특성을 반영하는 것처럼 보이는 것이 상품형태의 신비로운 물신화 현상(commodity fetishism)이다. 다시 말해서, 인간의 노동생성물이 돈으로 교환되는 상품이 됨으로써, 인간 상호간의 관계가 사물들 상호간의 관계인 것처럼 물신화된다는 것이다(Felluga, 2018).

자본주의 사회에서 사물의 사용가치가 교환가치로 바뀐다는 마르크

제5장 소비자본주의 사회에 대한 보드리야르의 기호학적 성찰

스의 이러한 명제가 보드리야르에서는 소비자본주의 사회의 소비자가 소비하는 것은 사용가치가 아니라 기호가치라는 기호학적 명제로 바뀌게 된다. 오늘날 소비활동을 작동시키는 욕망은 특정 사물에 대한 욕망이 아니라 그 사물에 체현된 명성, 존경, 지위 같은 것이 상징하는 사회적 차별화(social differentiation)의 욕망이고 타자의 인정을 받으려는 욕망이다. 타인의 인정을 받으려는 이러한 차별화의 욕망은 만족이 있을 수 없는 욕망이다(Baudrillard, 1998 : 60 & 77~78). 다시 말해서, 소비자본주의 시대의 소비자가 소비하는 것은 상품의 효용성이라기보다는 그 상품이 상징하는 사회적 지위나 명성 같은 차별화의 기호를 소비하는 것이다. 이는 곧 사회적 인정 혹은 타인의 인정을 받으려는 욕망이고, 차별화의 욕망이며, 타인의 인정을 받으려는 끝없는 인정욕망이라는 것이다. 따라서 소비자의 인정욕망을 끊임없이 자극하고, 사회적 차별화를 추구하는 "물신숭배적 논리"를 조장하는 것이 소비자본주의를 재생산하는 "소비 이데올로기"라는 것이다(Baudrillard, 1998 : 59).

아무리 풍요로운 사회라고 해도 소비생활은 평등할 수 없다. 어떤 면에서는 소비가 사회 불평등을 조장한다고 볼 수 있다. 이렇게 불평등한 사회에서 사람들은 누구나 자기가 선망하는 어떤 준거집단의 구성원과 같은 재화를 구매하고 소비하려는 욕망이 있다. 소비를 지배하는 논리는 계급 지향적이기 때문에(Baudrillard, 1998 : 58~60), 소비는 자연적인 것이 아니라 문화적이고, 개인적인 것이 아니라 사회적이며, 사회적 차별화를 통해 타인의 인정을 받기 위한 과시적 소비인 경우도 많다. 보드리야르는 사회적 차별화를 통해 타인의 인정을 받기 위한 소비의 전형적 경우로 베블런(Veblen)의 과시적 소비 개념을 대표적 사례로 활용하고 있다 (1998 : 6 & 157).

베블런(Thorstein Veblen)은 미국 위스콘신주의 매니터웍에서 노르웨이 이민자의 아들로 태어났다. 그는 미네소타주의 노스필드에 있는 칼턴 (Carleton)대학에서 경제학을 전공하고 1880년 대학을 졸업한 후, 존스 홉킨스(Johns Hopkins)대학원에 입학하여 퍼스(Charles Sanders Peirce)의 가르침을 받고, 예일대로 옮겨 1884년에 도덕철학으로 박사학위를 받았다. 학위 취득 후 가족의 농장에서 독서로 소일하던 중 그로부터 약 100여 년 후 미국이 이상적 사회주의 사회가 되는 모습을 상상한 에드워드 벨라미 (Edward Bellamy)의 유토피아 소설을 읽고 이에 감명을 받아 경제학을 다시 공부하기로 결심하고 코넬대학원에 입학하여 경제학을 연구하고, 1896 년에 시카고대학 교수가 되었다. 시카고대학에 재직하면서 1899년『유한계급론』을 출판하고, 1906년부터는 스탠퍼드대학의 교수로 재직하였다.

『유한계급론』의 시대적 배경은 자유방임적 자본주의가 독점자본주의로 이행하던 시대였기 때문에 유럽과 미국 같은 선발국의 경우에는 노사 갈등과 빈부격차로 인한 사회적 갈등이 심각한 상황이었다. 우선, 18세기 후반에는 증기력을 동력원으로 하는 제1의 기술혁신이 일어나 초기 자본주의를 가능하게 하였고, 19세기 후반에는 전기와 석유를 동력원으로 하는 제2의 기술혁신인 중화학공업혁명으로 독점자본주의와 제국주의가 본격화되었다. 20세기 후반에는 컴퓨터와 데이터뱅크를 중심으로 하는 제3의 기술혁신인 정보혁명으로 후기자본주의 사회, 소비자본주의 사회 혹은 포스트모던 사회가 본격화되었다. 『유한계급론』에서 베블런이

유한계급이라고 하는 것은 제2의 기술혁신 혹은 제2산업혁명의 결과로 형성된 상류계급을 뜻하고, 베블런은 이러한 상류계급의 소비행태를 과시적 소비라고 비판한 것이다.

과시적 소비(conspicuous consumption)는 상류계층이 사치재를 구매하고 사용함으로써 자신의 경제적 능력과 명성 혹은 사회적 지위를 과시하기 위한 동기로 많은 돈을 지불하는 소비행태를 뜻한다. 이러한 소비행태는 예컨대, 싼 차보다 비싼 차를 사고 싶은 동기를 생각하면 이해하기 쉽다. 싼 차(economic car)든 비싼 차(luxury car)든 승용 기능에는 큰 차이가 없다. 그러나 내가 값비싼 명품 차를 구매하고 사용함으로써 남들과 다른 나의 사회적 지위, 경제적 능력, 권위 같은 것을 마음껏 과시할 수 있다는 점에서 싼 차를 구매하는 것과는 전혀 다른 것이다. 이와 같이 타인의 인정을 받고 싶은 욕망은 인간의 보편적 욕망이기 때문에, 질이 좋은 상품도 값이 싸면 좀처럼 사려 들지 않고, 터무니없이 가격이 높은 상품을 선호하는 매우 비합리적 경향이 엄연한 현실이다. 이러한 현상을 베블런 효과(Veblen effect)라 한다.

과거에는 상류계급 구성원들이 값비싼 명품 브랜드를 선호하는 주된 소비자였으나, 지금은 중산층이나 일부 저소득층에서도 명품에 대한 선호가 확산되고 있다. 이와 같이 상류계급의 과시적 소비가 중간계급과 일부의 하류계급에까지 확산되면, 상류계급 구성원들은 전통적 브랜드의 사치품보다 눈에 덜 띄는 은근한 럭셔리 제품을 더 선호하는 경향을 나타낸다. 보드리야르는 이를 과시적 소비와 구별하기 위해 "비과시적 소비(inconspicuous consumption)"라고 부른다(1998 : 6). 예컨대, 이는 명품 브랜드의 로고를 작게 줄이거나 핸드백의 겉면이 아닌 안쪽에 상표를 넣는 식으로 눈에 덜 띄게 하는 새로운 소비 패턴을 실천함으로써 보다 새롭고 정교한 차별화를 추구하는 것이다. 결국, 과시적 소비든 비과시적 소비든 그 동기는 모두 타인의 인정을 받으려는 욕망이다.

뿐만 아니라, 보드리야르는 파노플리 현상 혹은 파노플리 효과(1998 : 15)라는 새로운 개념을 도입한다. 원래 집합을 뜻하는 프랑스어에서 유래한 말인 파노플리(panopoly)는 소비문화와 관련하여 특수한 의미로 쓰인다. 어떤 상품을 구입함으로써 그 상품을 사용하는 집단에 소속된 듯한 환상을 갖게 되는 것을 뜻한다. 값비싼 물건을 소유함으로써 자신의 경제적 능력과 사회적 지위를 과시하는 것은 베블런 효과라 부르고, 어떤 상품을 소비할 때 그 상품 혹은 비슷한 상품을 소비하는 집단에 소속된 듯한 환상을 갖게 되는 것을 파노플리 효과라 한다. 베블런 효과는 경제적 능력이나 사회적 지위를 과시하는 것이고, 파노플리 효과는 어떤 준거집단에 소속된 것처럼 보이기 위한 것이라는 점에서 차이가 있으나, 베블런 효과나 파노플리 효과는 모두 소비의 동기가 타인의 인정을 받으려는 인정욕망이라는 점에서는 유사하다. 결국, 보드리야르가 생각하는 오늘날의 소비의 동기는 타자의 인정을 받으려는 욕망이고, 타자의 욕망을 욕망하는 것이다.

5
소비사회의 인간소외

마르크스는 교환가치가 사용가치를 대체하는 자본주의적 생산양식하에서 생산의 사회적 관계인 인간 상호간의 관계가 은폐되고 상품 상호간의 관계로 전도되는 현상이 나타나는데, 인간 간의 관계가 사물 간의 관계로 전도되는 이러한 인간소외 현상을 『자본론 1권』(1편 1장 4절)에서 상품의 물신성이라고 명명한다. "돈이 돈을 번다"는 일상적인 농담처럼, 실제로는 인간의 사회적 노동을 통해서 만들어진 가치가 마치 상품 스스로 생산한 가치인 것처럼, 상품 고유의 내재적 가치인 것처럼 보이는 현상을 상품의 물신성 혹은 간단히 물신성(fetishism)이라고 한다. 헝가리 출신의 네오마르크스주의 사상가 루카치(Lukacs)가 사물화(reification)라고 부르는 개념도 사람들 간의 관계가 사물들 간의 관계로 보이는 현상을 뜻하기 때문에, 물신성 개념이나 사물화 개념은 모두 인간소외(human alienation)를 뜻하는 개념들이다.

보드리야르는 마르크스주의의 이러한 소외 개념을 오늘날의 소비문화에 초점을 맞추고 기호학적으로 수정 발전시킨 특수한 소외이론을 제기한다. 보드리야르에 따르면, 후기자본주의 사회의 소비문화는 상품의 사용가치보다는 상품에 체현된 기호가치(sign value)를 더 중요시한다. 상품에 체현된 기호가치는 사회적 차별화를 상징하는 이미지나 기호를 뜻하고, 기호가치의 선호는 타인과 차별화하고 싶은 허영이나 욕망의 표현이고, 이는 곧 타인의 인정을 받고 싶은 인정욕망이다. 승용차의 운송 기능은 큰 차이가 없으나, 구매할 승용차의 브랜드를 차별화하고 싶은 욕망에는 끝이 없다. 결국, 나의 욕망은 자신의 욕망이라기보다는 타자의 욕망을 욕망하는 끝없는 욕망이다. 보드리야르는 차별화하는 은밀한 기호 조작에 의하여 바로 이러한 허영심이나 욕망을 끊임없이 자극하고 유혹하는 것이 소비자본주의를 재생산하는 이데올로기라고 본다.

그래서 메이어(J.P. Mayer)는『소비의 사회』에 붙인 서언에서, 보드리야르가 오늘날 선진자본주의 사회의 거대기술기업들(giant technocratic corporations)이 매스미디어와 특히 텔레비전 같은 광고매체와 함께 소비자들의 끊임없는 욕망을 자극 조장함으로써 전통적 계급사회를 대체하는 소비 중심의 새로운 사회적 위계를 창조하는 은밀한 메커니즘을 탁월한 통찰력으로 입증하였다(Baudrillard, 1998 : ix~x)고 격찬한 것이다. 보드리야르에 따르면, 오늘날의 소비는 개인이 선택하고 향유하고 만족하는 어떤 것이 아니라, 사회적으로 코드화된 기호체계(coded system of signs)에 동조할 수밖에 없도록 유혹하고 강요하는 사회적 차별화의 논리에 순응하는 것이다 (1998 : 15). 유혹의 주체는 개별적 인간도 아니고 거대기업과 광고매체 그 자체도 아니고, 끊임없이 가치 증식을 추구하는 자본의 운동법칙이고,

보드리야르의 표현을 따르면 "시장경제의 구조 그 자체"이자 인간의 이미지까지도 팔고 사는 "악마와의 계약구조 그 자체"(1998 : 190)라는 것이다.

보드리야르는『소비의 사회』결론에 "현대의 소외 또는 악마와의 계약의 끝"(1998 : 187)이라는 제목을 붙이면서, 악마에게 자신의 거울 이미지(mirror image)를 팔아 부와 향락을 얻은 학생의 이야기를 다룬 〈프라하의 학생〉이라는 독일 영화 이야기로 소비사회에 만연된 인간소외 현상을 설명한다. 비록 가난하지만 풍요로운 삶을 동경하는 야심 많은 이 학생에게 악마가 나타나 학생의 거울 이미지를 팔지 않겠느냐고 유혹한다. 학생은 많은 돈을 받고 자신의 이미지를 악마에게 팔았다. 거래가 이루어졌으니, 악마는 학생의 거울 이미지를 판화 벗겨내듯이 둘둘 말아서 자기 주머니에 집어넣고는 냉소적인 표정으로 사라진다. 악마가 학생의 거울 이미지를 하나의 사물처럼 주머니에 집어넣는 모습은 인간 존엄성이 물상화되고, 돈이라는 물질을 신처럼 숭배하는 물신숭배(物神崇拜)적 현실에 대한 비극적 은유나 다를 바 없다. 어떻든 이러한 냉소적 비웃음을 뒤로하고, 학생은 사교계에 출입한다. 하지만 학생의 거울상 또한 사교계를 출입하면서 여러 가지 복잡한 문제를 일으키자 학생은 자신의 분신을 제거하려고 궁리한다. 그래서 어느 날 거울 앞으로 분신이 지날 때 총을 발사했다. 거울은 산산조각이 나고 분신이 쓰러짐과 동시에 학생도 쓰러진다.

〈프라하의 학생〉이라는 영화 이야기를 통해서 보드리야르는 특히 두 가지 요소를 강조한다. 첫째로, 거울 이미지가 나를 여실하게 반영해야,

나와 세상의 관계도 투명할 수 있다는 것이다. 다시 말해서, 타인의 마음의 거울에 비친 내 모습, 말하자면 나의 거울 이미지가 곧 내 삶의 의미를 상징적으로 나타내기 때문에, 나의 거울 이미지가 사라졌다는 것은 세상이 불투명해졌다는 것, 내가 내 자신의 삶을 통제할 수 없게 되었다는 것, 그리고 나 자신의 모습을 비춰볼 수도 없고 그래서 나 자신을 보는 관점을 상실했다는 것을 나타내는 상징적 기호와 같은 것이다. 결국, 더 이상 나의 정체성을 찾을 수 없기 때문에, 내가 나 자신에게도 타자로 전락된다. 나는 심각한 소외감을 극복하기 어렵다(1998 : 188).

둘째로, 이러한 소외의 궁극적 원인은 내가 나의 이미지를 우연히 잃어버린 것이 아니고, 허영심과 욕망을 극복하지 못하고 내가 "나의 이미지를", 내 "자신의 일부를" 상품처럼 팔아버림으로써 현실적 삶의 과정에 죽도록 시달린 것이다(1998 : 189). 이 과정이 곧 꾸밈없는 소외의 과정이다. 소비활동은 개인의 자율적 선택과 관계없이 사회적으로 코드화된 기호체계와 기호의 논리에 순응해야 하는 것이다.

보드리야르가 보기에, 우리의 소비활동은 기호를 흡수하는 과정이고 기호에 의해 흡수되는 과정이며, 기호를 수용하고 전달하는 기호의 환유적 연쇄 속에 개인적 존재가 사라지기 때문에, 마르쿠제가 지적한 것처럼, "초월의 종말(the end of transcendence)"이라고 볼 수밖에 없다(1998 : 191). 보드리야르는 현대인에게 새로운 신화와도 같은 소비문화가 어떤 면에서는 인간존재의 근본을 파괴하고 인간소외를 심화시킬 수 있다는 점을 다음과 같이 압축해서 경고한다. 중세 사회가 신(God)과 악마(Devil)의 대립 위에 균형을 이루었다면, 오늘의 우리 시대는 소비와 지나친 소비에 대한 비판적 성찰 위에 균형을 유지할 수 있도록 노력해야 한다(1998 : ix & 196)는 것이다.

소외된 자아 구성에 대한 라캉의 정신분석학적 성찰

Jacques Lacan

우리는 사회문화적 규범을 내면화함으로써 욕망을 억압하며

순응적 주체가 되기도 하고, 우리의 자아는 경우에 따라

타자를 자신으로 오인하는 불안정하고 소외된 자아가 되기도 한다.

따라서 우리는 타자의 성취를 마치 자신의 성취인 것처럼

상상하고 오인하는 나르시시즘적 환상에 빠지는 경향이 있다.

1
무의식적 욕망

소외(alienation) 개념은 원래 헤겔과 마르크스의 철학에서 사용되던 소원(Entfremdung)을 번역한 것이다. 그러나 라캉의 소외 개념은 헤겔 철학이나 마르크스주의 전통에서 사용되는 소외 개념과는 뚜렷한 차이가 있다. 라캉의 소외 개념은 인간적 실천과 외화의 결과로 다가오는 소원함이나 구성원에 대한 사회구조의 영향에 기인된 박탈감 같은 것을 뜻하는 것도 아니고, 그러한 소원함이나 박탈감 같은 사태를 극복할 수 있는 성질의 것도 아니다. 라캉의 소외 개념은 인간주체의 필수적인 구성요소이자 존재론적 특성이다(Evans, 1996 : 9). 인간주체는 분열된 존재이고, 자신으로부터 소외된 존재이며, 이러한 존재론적 분열은 피할 수도 없고 그래서 완전한 전체나 종합을 이룰 가능성도 없기 때문이다. 인간의 존재론적 본질이고, 그래서 극복할 수도 없는 라캉의 소외 개념의 고유한 특성은 그의 무의식적 욕망 이론에서부터 분명히 드러난다.

인간은 다른 동물과 달리 자연적 욕구를 문화적으로 충족하는 존재이다. 생리적 욕구를 문화적으로 충족한다는 것은 생리적 욕구를 언어적으로 표현하는 것을 뜻한다. 그러나 우리의 생리적 욕구 중에는 언어로 표현할 수 없는 것도 많다. 생리적 욕구 중에서 사회문화적 규범이 허용하는 것은 언어로 표현할 수 있으나, 언어로 표현할 수 없을 정도로 사회문화적 규범에 어긋나는 원초적 욕구는 의식의 심층적 저변으로 억압되어 무의식적 욕망을 이룬다. 결국, 라캉에 따르면, 욕구(need)는 생리적 충동이고, 요구(demand)는 욕구의 언어적 표현이다. 언어적 표현 혹은 언어적 '요구'로 담아낼 수 없는 욕구는 의식의 심층적 저변으로 억압되어 무의식적 욕망(desire)이 된다. 생리적 욕구와 언어적 요구 간의 메울 수 없는 심연에서 무의식적 욕망이 형성된다는 것이다. 그래서 라캉은 1958년에 쓴 논문 「남근의 의미작용」에서 생리적 욕구에서 언어적 요구를 뺀 나머지가 욕망(Johnston, 2018 : 14)이라고 정의한 것이다.

욕구와 요구 및 욕망을 이렇게 구별하는 것이 라캉의 주체 구성이론에서 핵심적 역할을 수행한다. 생리적 욕구에서 비롯되는 우리의 삶은 이를 충족시키기 위해 언어적 요구를 거쳐 우회하지 않을 수 없다. 언어적 우회의 과정에서 억압되는 것이 무의식적 욕망을 이룬다. 라캉이 보기에, 무의식 혹은 무의식적 욕망은 언어적 검열 때문에 형성된 것이기 때문에, "인간의 욕망은 큰 타자의 욕망(man's desire is the desire of the Other)"이라는 것이다(Johnston, 2018 : 18). 인간은 상징적 표현수단인 언어를 구사하기 시작하면서부터 언어로 표현될 수 없는 자기 존재의 상당부분을 억압하지 않을 수 없기 때문에 엄청난 자기소외를 느끼게 되는 것이다. 라캉은 이를 언어 구사에 수반된 존재의 사라짐(fading of the being)이라고 한다.

제6장 소외된 자아 구성에 대한 라캉의 정신분석학적 성찰

이는 상징수단인 언어가 분열된 주체를 구성하는 핵심적 지형이라는 것이다. 여기서 작은 타자(the other)와 큰 타자(the Other)를 구별해야 한다. 라캉은 상상적 단계의 거울 이미지나 어머니 같은 개인 수준의 타자, 상상적 동일시의 대상인 타자를 작은 타자(little other)라 부른다. 이와 대조적으로, 동일시(identification)를 통해서 동화될 수 없는 사회문화적 규범, 언어, 상징적 질서 같은 근본적 타자성(radical alterity)을 큰 타자(big Other)라고 부른다. 예컨대, 내 친구는 작은 타자이지만, 그 친구가 나에게 사회문화적 규범을 준수하라고 충고할 경우에는 상징적 친구이자 큰 타자의 기능을 수행하는 셈이다.

어떻든 생리적 욕구에서 언어적 요구를 제외한 나머지가 무의식적 욕망이라는 주장, 다시 말해서 생리적 욕구와 언어적 요구 간의 메울 수 없는 심연에서 무의식적 욕망이 형성된다는 주장은 내가 바라는 것과 나에게 허용되는 것 사이에 깊은 바다와도 같은 심연이 가로막혀 있다는 것이다. 바로 이러한 결핍(lack)과 공허함(void) 때문에 인간은 존재론적으로 결핍된 존재이고, 그래서 우리의 욕망은 만족을 모르기 때문에 요구는 끝없이 반복된다. 샌드위치를 요구하는 아이에게 샌드위치를 주면, 다시 사탕과자를 요구하고, 사탕과자를 주면, 이젠 장난감을 요구한다. 요구하는 장난감을 사다주면, 다시 새로운 장난감을 요구한다. 이러한 끝없는 반복과 불만족은 결국 언어적 요구로 담아낼 수 없는 욕망 때문이다. 끝없는 욕망은 어른도 마찬가지다. 이러한 욕망의 본질은 생리적 욕구와도 다르고, 언어적 요구와도 다르다. 욕망의 대상은 사물이 아니라 결핍이고, 그래서 인간의 욕망은 만족할 수 없는 욕망이다. 요컨대, 생리적 욕구와 언어적 요구 간의 메울 수 없는 심연에서 무의식적 욕망이 형성된다는 것이다. 무의식이 언어적 검열(sanction)에 의해 형성된 것이므로, 라캉은 무의식을 큰 타자의 담론이라고 한다.

그러나 무의식적 욕망에 대한 프로이트와 라캉의 관점은 다르다. 프로이트의 무의식적 욕망은 생리적 심리적인 것이고 라캉의 무의식적 욕망은 언어적이고 상징적인 것이다. 프로이트의 무의식적 욕망은 개인적 차원의 억압된 성적 욕망이고, 라캉의 무의식적 욕망은 사회문화적 차원의 억압된 성적 욕망이다. 프로이트의 성심리적 발달에서 단계마다 반복되는 주제는 각 단계별 발달과제의 수행 때문에 성적쾌감이 급격하게 좌절되는 경우가 있다. 예컨대, 구강기의 이유(weaning), 항문기의 배변 훈련(toilet training), 남근기의 거세 공포(castration fear) 같은 것이 너무 과격하면 치유하기 어려운 엄청난 심적 외상(psychic trauma)을 초래하게 되고, 이러한 트로마를 회상하면 우리의 정신세계를 황폐화시킬 위험이 있기 때문에, 이를 의식의 심층적 저변으로 억압하여 무의식적 욕망이 형성된다는 것이 프로이트의 입장이다. 따라서 프로이트의 무의식적 욕망이 생리적이고 심리적인 데 비하여 라캉의 무의식적 욕망은 언어적이고 상징적인 것이다. 프로이트의 무의식적 욕망이 개인적 차원의 억압된 성적 욕망인 것과 대조적으로, 라캉의 무의식적 욕망은 사회문화적 차원의 억압된 성적 욕망이라는 것이다.

2
무의식의 표출방식

욕망은 이상과 같이 언어적으로 형성될 뿐만 아니라, 그 표출방식도 언어적 규칙에 따른다. 프로이트가 무의식적 욕망과 그 징후(symptom) 혹은 무의식의 내용과 꿈의 영상(dream image)이라고 부르는 것을 라캉은 언어학의 기의(s)와 그 기표(S)에 각기 대응한다고 본다. 의식의 심층적 저변에 억압된 무의식적 욕망은 주로 사회문화적으로 용납될 수 없는 내용들이기 때문에, 무의식의 내용은 그 정체를 그대로 드러낼 수 없고 항상 변형 왜곡된다. 프로이트는 무의식의 내용이 그 징후로 변형 왜곡되는 원리를 압축과 치환으로 설명한다. 그러나 라캉(Lacan)이 보기에, 압축과 치환은 소쉬르 구조언어학의 계열관계와 연쇄관계에 완벽하게 대응하는 개념이다. 그래서 라캉은 프로이트의 정신분석이론을 가장 프로이트적으로 이해하기 위해서는 프로이트가 이미 암묵적으로 예견하면서도 명시적으로 체계화하지 못한 구조언어학의 관점에서 이해해야 한다고 본다. 정신분석학을 구조언어학의 관점에서 재조명할 때, 비로소 우리는 무의식적 욕망의 본질이 개인의 심리적 속성이라기보다는 오히려 사회 문화적 상징이라는 점을 보다 합리적으로 해명할 수 있다는 것이다.

프로이트가 압축(condensation)이라고 하는 것은 잠재적 꿈을 이루는 유사한 내용들이 하나의 내용으로 중첩결정되는 메커니즘인데, 라캉은 프로이트의 압축은 소쉬르의 계열관계 혹은 야콥슨의 은유와 같은 개념이라고 본다. 그 이유는 프로이트가 압축이라고 하는 것은 무의식적 어휘목록에 잠재된 유사한 어휘들에 의하여 문장에 나타난 특정 어휘의 의미가 중첩결정되는 원리와 같기 때문에, 압축은 계열관계 혹은 은유와 완벽하게 대응한다는 것이다. 한편, 프로이트가 치환(displacement)이라고 하는 것은 사회 윤리적으로 용납될 수 없는 잠재적 꿈의 특정 내용이 검열을 피해 사소한 꿈의 이미지로 바뀌어 나타나는 메커니즘인데, 라캉은 프로이트의 치환은 소쉬르의 연쇄관계 혹은 야콥슨의 환유와 같은 개념이라고 본다. 그 이유는 프로이트가 치환이라고 하는 것은 예컨대, 까다로운 시어머니가 하루속히 시골로 내려 가셨으면 하는 윤리적으로 비난받을 수밖에 없는 잠재적 꿈의 특정 내용이 앓던 이가 빠지는 사소한 꿈의 이미지로 바뀌어 나타나는 메커니즘인데, 라캉이 보기에 치환은 연쇄관계 혹은 환유와 같은 것이다. 그 이유는 잠재적 꿈과 현시적 꿈의 관계는 유사성 연관이 아니라 인접성 연관이기 때문이다.

요컨대, 무의식적 욕망은 사회적 검열(social sanction)을 피하기 위해 위장된 꿈의 영상(dream image)으로 자신을 끊임없이 변형 왜곡하기 때문에 우리는 무의식의 정체를 결정할 수 없다는 것이다. 잠재적 꿈이 현시적 꿈으로 표출될 때는 변형 왜곡을 통해 스스로의 정체를 숨기기 때문이다.

무의식이 스스로의 정체를 숨기는 메커니즘은 한편으로는 잠재적 꿈을 이루는 유사한 내용들이 하나의 내용으로 중첩결정되는 압축과, 다른 한편으로는 사회 윤리적으로 용납될 수 없는 심각한 내용이 사회적 검열을 피해 사소한 꿈의 이미지로 바뀌는 치환을 통해서 이루어진다. 다시 말해서, 변형과 왜곡을 프로이트는 압축과 치환으로 설명하고, 라캉은 유사성에 기인된 은유와 인접성에 기인된 환유로 설명하지만, 프로이트와 라캉의 공통점은 압축과 치환, 계열관계와 연쇄관계, 혹은 은유와 환유를 통해서 무의식적 욕망은 결코 그 정체를 드러내지 않는다고 보는 것이다.

기호학적으로 표현하면, 기표(S)들의 끊임없는 사슬 아래로 기의(s)가 미끄러지기 때문에 무의식적 욕망의 본질이 무엇인가를 결정할 수 없다는 것이다. 궁극적 본질이나 근원 같은 초월적 기의의 결정불가능성(un-decidability)은 라캉 정신분석이론의 핵심적 주장이다. 다시 말해서, 정신분석학은 인간의 정신세계는 의식과 무의식으로 구성되어 있고, 무의식적 역동이 의식적 사고와 행동에 엄청난 영향을 미친다고 상정한다. 그러나 무의식은 그 정체를 드러내지 않기 때문에, 라캉이 보기에는 이른바 의식적 주체라는 것도 그 정체성이 불투명하다는 것이다. 이와 같이 라캉은 무의식적 욕망이 언어적으로 형성될 뿐만 아니라, 그 표출방식도 언어적 규칙에 따르기 때문에, 무의식은 언어처럼 구조화되어 있다(the unconscious is structured like a language)고 본다. 무의식적 욕망은 계열관계나 연쇄관계, 혹은 은유나 환유의 수사학적 언설로 스스로를 표출하기 때문에, 라캉은 무의식적 욕망이 본질적으로 상징계 속에서 언어적으로 구조화된 것으로 본다. 언어는 화자 개인을 초월하는 사회문화적 상징체계이므로, 무의식은 자아로부터 독립된 질서와 체계를 갖는 큰 타자의 담론이다(the discourse of the Other). 개인은 큰 타자의 담론인 사회문화적 규범을 수용하고 이를 내면화함으로써 사회적 표상체계의 질서에 편입될 때, 비로소 자연적 존재가 사회적 존재로, 사회에 적응하는 순응적 주체로 구성되는 것이다.

이러한 과정에서 억압된 욕망이 무의식을 형성하게 되므로, 무의식적 욕망은 우리가 상징적 질서에 머무는 한 영원히 충족될 수 없는 것이다. 다시 말해서, 무의식의 징후들이 무의식의 내용을 재현할 수 없고, 기표의 연쇄가 그 기의를 여실히 재현할 수 없는 것이다. 기표는 원래 그 기표에 상응하는 기의를 재현해야 하나, 라캉의 정신분석에서 기표는 은유적 혹은 환유적 연쇄를 따라 다른 기표로 끊임없이 이어질 뿐, 기의를 여실히 재현할 수 없기 때문에, 라캉의 주체는 투명한 주체가 아니라 불투명한 주체이다. 라캉이 즐겨 쓰는 $\$$라는 기호는, 주체(S)를 삭제하에 둠으로써 주체의 불투명성을 강조하는 것이다.

제6장 소외된 자아 구성에 대한 라캉의 정신분석학적 성찰

3

거울단계 : 타자의 동일시

라캉은 인간의 심리 혹은 정신을 상상계(the Imaginary), 상징계(the Symbolic), 실재계(the Real) 등 세 가지 차원으로 구분한다. 라캉은 그의 연구 과정 중에서 초기 단계(1930s~1940s)는 주로 상상계를 연구하고, 중간 단계(1950s)는 상징계를 그리고 후기 단계(1960s~1970s)는 실재계를 상대적으로 우선시하였다. 따라서 인간의 심리구조 혹은 정신구조에 관한 그의 이론을 상상계, 상징계, 실재계의 순서로 다루는 경우가 많다. 그러나 그는 정신세계를 구성하는 세 가지 영역 혹은 차원이 서로 분리되어 따로 기능하는 것이 아니라 긴밀한 상호의존적 관계에 있다는 점을 강조하기 위해 이들 세 영역간의 불가분의 관계를 "보로메오 매듭(Borromean knot)"이라는 비유로 표현한다(Bailly, 2009 : 89). 이탈리아의 귀족인 보로메오(Borromeo) 가문의 가족 구성원들 간에는 남달리 유대가 돈독했다고 한다. 요컨대, 보로메오 매듭이란 성부, 성자, 성신의 삼위일체처럼 세 가지 요소가 불가분의 긴밀한 관계로 얽힌 것을 뜻한다.

상상계(the Imaginary) 혹은 상상적 단계(imaginary stage)는 출생 후 약 6개월에서 18개월 된 어린 아이의 상상적 정신 혹은 심리적 단계를 지칭하고, 이를 일반적으로 거울단계(mirror stage)라고 부른다. 라캉에 따르면, 거울단계의 아이들은 거울에 비친 자신의 모습인 거울상(mirror image)을 인식할 수 있다. 이 단계의 아이는 아직 신체적으로 미숙하여 자기 몸을 제대로 통제하지 못할 뿐만 아니라, 자기 몸이 여러 성감대로 분열(body in bits and pieces)되어 있다는 무의식에 사로잡혀 있기 때문에, 거울상의 유연하고 통일된 모습을 확인하면서 엄청난 기쁨과 환희(jubilation)를 느낀다는 것이다. 이는 아이가 거울 속에 비친 자기 영상의 완벽함에 도취되는 나르시시즘(narcissism)적 자아이고, 아이가 거울 속에 비친 완벽한 이미지를 자신이라고 동일시하는 이상적 자아(ideal ego)이다. 요컨대, 거울단계의 아이는 거울 이미지(mirror image)를 자신과 동일시(identification)하고, 거울상을 자신이라고 인식한다.

그러나 나와 내 거울 이미지, 나와 내 사진 이미지, 일반적으로 실재와 그 이미지는 엄연히 다르기 때문에, 거울단계에서 형성되는 자아는 타자를 자신인 것처럼 오인한 것이다. 이 단계의 아이는 거울에 비친 자신의 거울상이든 혹은 어머니든 타자를 자신과 동일시하면서 더할 나위 없는 기쁨과 나르시시즘적 환희를 느끼는 것이다. 거울단계에서 형성되는 자아는 타자를 자신으로 인정하는 것과 같은 것이고, 이는 상상적 관계를 통해 타자가 나르시시즘적 자아가 되는 것이며, 나는 곧 타자(I am the other)라는 상상적 오인이기 때문에 소외된 자아이며 나의 "정체성이 탈중심화"되는 매우 불안정한 자아 개념이다. 그래서 거울상에 대한 아이의 느낌은 매우 이중적이다. 한편으로는 자신이 저 모습처럼 되고 싶다는 의미에서 거울상을 사랑하면서도, 다른 한편으로는 자신보다 완벽한 모습이니까 증오를 표출하기도 한다. 정체성의 탈중심화(humman identity is decentered)는 포스트구조주의의 대표적 명제이다. 거울단계에 대한 라캉의 이러한 독특한 설명은 그의 가장 대표적인 이론적 공헌이라 할 수 있다(Johnston, 2018).

거울 앞에 선 아이는 은유적 표현이기 때문에, 여기서 이상적 자아(ideal ego)는 타자를 자신인 것처럼 상상하고 오인하는 나르시시즘적 환상을 뜻한다. 이러한 환상은 우리가 어른이 된 후에도 누구를 모방하고 싶고, 우리 자신의 거울로 생각하는 역할 모델 혹은 타자를 통해서 형성될 수 있다. 이러한 상태를 라캉은 상상적 질서라 하고, 상상계의 불안정한 자아 개념은 그 다음 단계로 발전한 후에도 계속 영향을 미친다. 그래서 타자의 성취를 마치 자신의 성취인 것처럼 상상하는 역설적 행동은 모두 오인에 기인된 허위의 동일시이며, 상상적 관계를 통해 타자가 나르시시즘적 자아가 되는 심각한 소외의 징후이다. 예컨대, 라캉의 정신분석을 응용하는 영국의 여류 영화비평가 로라 멀비(Laura Mulvey)에 따르면, 관객은 스크린에 나타난 주인공을 동일시하는 경향이 있다는 것이다. 관객이 주인공을 동일시함으로써, 이상적 자아를 구성하게 되고, 무의식중에 자신도 언젠가는 저렇게 되리라는 상상을 하게 된다. 여기서도 이상적 자아는 타자를 자신인 것처럼 상상하고 오인하는 나르시시즘적 자아이며, 이는 오도된 동일시에 기인된 매우 불안정한 수준의 자아 개념이다.

앞에서 본 "나는 곧 타자(I am the other)"라는 상상적 수준의 인간 정신을 압축한 라캉의 명제를 달리 표현하면, 우리의 욕망은 "타자의 욕망"이라는 뜻이다(Johnson, 2018 : 11). 아주 어릴 때부터 생리적 욕구의 충족은 타자의 인정과 교류를 통해서 형성될 수 있는 것이다. 어린이들이 장난감 놀이를 하다가 서로 다투는 경우를 보면, 다른 아이들이 좋아하는 장난감은 서로 좋아하고, 모두가 그 장난감을 권태롭게 여기면 나도 그 장난감에 매력을 잃게 되는 경우가 많다. 다시 말해서, 나의 욕망은 타인의 인정을 받으려는 욕망이고, 나의 욕망은 곧 타자의 욕망이라는 것이다. 배고픈 아이도 부모가 사랑의 표정으로 주는 음식은 먹어도 화난 표정으로 주는 음식은 거부하는 경우가 많다. 우리의 욕망은 타인의 인정을 받으려는 욕망이고, 타자를 통해 자신의 존재를 인정받을 때 비로소 자기 정체성을 형성할 수 있는 것이다. 이러한 자아 개념은 데카르트의 단독적 자아 개념이 아니라 헤겔의 관계적 자아 개념에 가까운 것이다. 다시 말해서, 인간의 욕망은 나의 것이 아니라 구조적으로 타인의 욕망과 타인의 욕망이 추구하는 대상을 향하게 된다. 욕망은 순수하게 나의 내면적 의지를 표현하는 것 같지만, 사실은 타자에게 인정받으려는 것을 표현하는 것이다.

4
상징계의 주체 구성

언어를 습득하는 단계인 상징적 단계는 출생 후 약 18개월에서 4년 사이를 뜻하는 남근기 혹은 오이디푸스 단계에 해당된다. 상상계가 이미지의 차원이라면, 상징계는 언어의 차원이다. 상상계가 자연의 차원이라면, 상징계는 문화의 차원이다. 프로이트와 라캉은 아이가 언어 질서에 진입하기 시작하는 전형적 사례로 실패놀이(fort/da game)를 즐겨 인용한다. 라캉은 프로이트가 그의 손자에게서 관찰한 실패놀이가 인간소외의 전형적 사례라고 본다. 이는 생후 약 18개월 된 아이가 실패에 실을 매달고, 이를 침대 위로 집어던지면서 오오(fort)!라는 소리를 내고, 다시 자기 쪽으로 휙 잡아당기면서 기쁨에 찬 모습으로 아!(da)라는 소리를 내는 놀이를 뜻한다. 이는 인간이 상상적 단계에서 상징적 단계로 이행하는 전환기의 대표적 사례이면서, 동시에 주체 구성의 중요한 과정이다.

프로이트는 이 놀이를 어머니의 빈번한 부재에서 오는 불안감을 해소하려는 무의식적 시도로 보고, '오오!'와 '아!'를 각기 어머니가 빈번히 사라졌다가 다시 돌아오는 것을 상징하는 놀이라고 보았다. 그러나 라캉은 이 단계의 아이는 아직 자신과 어머니, 자신과 타자를 구별하지 못하는 상상계를 완전히 벗어나지 못한 상태이기 때문에, 실패를 자신과 동일시한다는 것이다. 그래서 라캉은 이 놀이가 어머니가 빈번히 사라졌다가 다시 돌아오는 것을 상징하는 놀이가 아니라, 자기 존재의 빈번한 부재와 현존을 상징적 기표로 표현하는 놀이라고 해석한다. 그래서 '오오!'와 '아!' 같은 초보적 발화행위를 통해서 자기 존재의 사라짐과 드러남이 상징하는 분열적이고 불투명한 주체(opaque subject)가 구성되기 시작한다는 것이고, 라캉은 이런 의미에서 실패놀이를 인간소외의 전형적 사례라고 보는 것이다.

아이는 실패놀이가 상징하는 이러한 전환기를 거치면서, 자신의 몸이 어머니와 분리된 것을 인식하기 시작하게 되고, 동시에 상실과 결핍에 기인된 불안을 느끼게 된다. 그래서 아이는 어머니의 욕망의 대상이 되기를 바란다. 그러나 어느 날 아이와 어머니간의 평화로운 이자관계에 엄격한 제3자인 아버지가 등장한다. 이제 이자관계가 아이, 어머니, 아버지 간의 삼자관계(triadic relationship)로 바뀌게 되고, 여기서 오이디푸스 콤플렉스(Oedipus Complex)가 나타난다. 상상적 단계의 아이는 어머니와 상상적 동일시에 빠져 있었으나, 상징적 단계에 진입한 아이는 자신이 어머니의 남근(mother's phallus)이 되려는 욕망에 기인된 오이디푸스 콤플렉스를 느끼게 된다. 그러나 오이디푸스 콤플렉스와 이에 수반된 거세 공포(castration fear)를 극복하는 유일한 방안으로 어머니와 함께 하려는 욕망을 억압하고, "아버지의 이름"이 상징하는 사회문화적 규범을 내면화함

제6장 소외된 자아 구성에 대한 라캉의 정신분석학적 성찰

으로써 순응적 주체로 구성되는 것이다. 결국, 사회문화적 규범을 상징하는 "아버지의 이름"이라는 기표가 주체 구성 과정에 결정적 요인으로 작용한다. 상징적 단계는 오이디푸스 콤플렉스와 거세 위협에 기인된 인정의 박탈위협을 통해서, 아이로 하여금 욕망을 억압하게 하고, 사회문화적 규범 혹은 큰 타자(Other)의 규범을 내면화하여 초자아를 형성하고, 그래서 사회에 동조하는 순응적 주체(docile subject)로 구성되는 것이다.

상상적 단계는 이미지(image)의 차원인 데 비하여, 상징적(symbolic) 단계는 언어(language)적 담론의 차원이다. 상상적 단계가 자연적 삶이라면, 상징적 단계는 문화적 삶이다. 상징계가 주는 시사점은 자연적 존재가 문화적 존재로 성숙되고, 동물적 존재가 인간적 존재로 성숙되기 위해서 필연적으로 넘어야 할 언덕이 오이디푸스 콤플렉스라는 것이다. 인간은 사회문화적 규범을 내면화함으로써 오이디푸스 콤플렉스를 극복하고 순응적 주체가 될 수 있다는 라캉의 이러한 관점은 근친상간의 금지(incest taboo)라는 사회문화적 규칙을 준수함으로써 비로소 자연적 존재가 문화적 존재로 성숙되고, 동물적 존재가 인간적 존재로 성숙될 수 있다고 본 레비스트로스(Levi-Strauss)의 관점과 같다. 요컨대, 오이디푸스 콤플렉스(Oedipus Complex)와 근친상간의 금지(incest taboo)는 표현방법은 달라도 규범적 내용은 같은 것이다.

요컨대, 상징계(the symbolic)는 사회문화를 구성하는 관습, 제도, 의식(rituals), 규범과 규칙 그리고 이러한 것들에 언어가 체현된 언어화된 사회제도를 지칭한다. 따라서 라캉의 상징계 혹은 상징적 질서라고 하는 것은 어떤 면에서 헤겔이 객관적 정신이라고 명명한 것과 유사하다. 이러한 삶의 환경은 개인의 주관을 초월하는 상호주관적 삶의 맥락이고, 그래서 개인은 이러한 상황에 내던져진 존재나 다를 바 없다. 마치 우리가 태어날 때 어떤 남자를 아버지로 하고 어떤 여자를 어머니로 하여 그 두 분 사이에 이러저러한 지적 능력, 신체적 특성, 정의적 성향을 가진 아들 혹은 딸로 태어나도록 지원해서 태어난 것이 아니라, 하이데거가 주장한 것처럼, 그냥 이러저러한 상황과 여건 속에 내던져진 존재(Geworfenheit)라는 것이다(Johnston, 2018). 그래서 이러한 상황과 여건 특히 사회문화적 규범이 사회구성원 개인을 순응적 주체로 구성하는 요인이기 때문에 라캉은 사회문화적 규범을 큰 타자(Other)라고도 부른다.

실재계로 넘어가기 전에, 상상계와 상징계에 관련된 중요한 개념, 특히 '작은 타자(other)'와 '큰 타자(Other)' 그리고 '이상적 자아(Ideal ego)'와 '자아 이상(Ego ideal)'을 비교 요약함으로써, 해당 개념의 이해에 도움이 되고자 한다. 우선, 이들 두 개념, 이상적 자아와 자아 이상(Ego ideal)은 모두 자아 형성에 관한 개념들이다. 프로이트보다는 주로 라캉이 이들 두 개념간의 차이를 엄격히 구별한다. 첫째로, 이상적 자아(Ideal ego)는 상상적 단계에 관련된 개념이고, 유아기의 나르시시즘적 환상에 기인된 소외된 자아 개념이다. 다시 말해서, 이상적 자아는 나의 감정과 같은 감정을 상대편인 타자도 가지고 있으리라는 상상적 투사(imaginary projection)라 할 수 있고, 여기서 타자는 거울 이미지나 어머니 같은 개인 수준의 작은 타자를 지칭한다. 둘째로, 자아 이상(Ego ideal)은 상징적 단계에서 부모로부터 내면화한 초자아 때문에 바람직한 행동을 한 후에 내가 이렇게 훌륭한 일도 할 수 있는 사람이구나라는 자부심을 느끼게 될 때 형성되는 자아 개념이다. 다시 말해서, 자아 이상은 내가 아버지의 이름이 상징하는 사회문화적 규범을 내면화하는 상징적 내면화 혹은 내사(symbolic introjection)라 할 수 있고, 여기서 타자는 개인 수준의 타자가 아니고 사회문화적 규범을 뜻하기 때문에 큰 타자를 지칭한다. 내가 바라는 것과 사회문화적 규범이 허용하는 것 간의 엄청난 격차 때문에, 자아이상도 분열된 주체와 다를 바 없다.

5

실재계 : 존재론적 결핍

실재계는 우리가 경험하는 현실의 실재 세계와는 전혀 다른 개념이다. 라캉이 실재계(the Real)라고 하는 것은 욕망의 원초적 상태 혹은 욕망의 자연 상태가 현실적으로 표현되지 못하고 억압된 것을 지칭하는 개념이다. 욕망의 원초적 혹은 자연 상태는 신생아의 경우에 가깝다. 신생아는 욕구 이외에 아무 것도 모르는 상태이다. 신생아는 자신과 타인, 자신과 어머니가 서로 다르다는 사실도 모르고, 그냥 욕구만 충족하려고 한다. 이러한 욕구를 동물은 거의 제약 없이 자연적으로 충족한다고 볼 수있지만, 인간은 이러한 욕구를 문화적으로 충족해야 한다. 인간은 원초적 욕구를 언어로 표현해야 한다는 것이다. 그러나 우리의 욕구 중에는 언어로 표현할 수 없는 욕구가 많고, 언어로 표현할 수 없는 욕구는 억압되어 무의식적 욕망이 된다. 실재계는 언어적 상징으로 표현되지 못하고 억압된 것을 뜻한다. 다시 말해서, 실재계는 언어적 표현이 불가능한 영역이다. 언어에 진입한다는 것은 실재계로부터 분리되는 것을 뜻한다.

제6장 소외된 자아 구성에 대한 라캉의 정신분석학적 성찰

결국, 자연적 존재로 태어난 인간이 문화적 존재로 성숙되기 위해서 우리는 엄청난 결핍을 감수해야 하는 것이다.

태어날 때부터 인간은 고유의 무력감과 불완전함 같은 것 때문에 모든 인간은 존재론적 결핍 같은 것을 경험하게 된다. 라캉의 실재계는 인간 존재 고유의 공허감(void), 결핍(lack), 심연(abyss) 같은 것을 채우려는 우리의 끝없는 욕망과도 같은 것이다. 결핍이 인간의 존재론적 특징이기 때문에, 인간의 욕망은 끝이 없고 만족을 모르는 욕망(insatiable desire)이다. 우리가 욕망하던 어떤 것을 가지게 되면 머지않아 곧 실망하게 되고, 그것과 다른 어떤 것을 욕망하게 되며, 또 다른 그 무엇을 가지게 되면 만족할 수 있으리라는 환상에 빠지곤 하나, 실은 욕망의 연쇄가 끝없이 반복될 뿐 만족을 모르는 것이 인간 욕망의 본질이라는 것이다. 욕망의 대상은 사람마다 다를 수 있다. 어떤 사람은 소유를, 어떤 사람은 성취 그 자체를, 어떤 사람은 사랑을, 어떤 사람은 권력을 혹은 어떤 사람은 지식을 추구할 것이다. 그러나 우리가 추구하던 것을 성취할 때는 항상 우리가 욕망하는 또 다른 그 무엇(always something more)이 있기 때문에 욕망의 연쇄는 끝없이 이어진다. 그래서 라캉은 욕망을 환유적이라고 주장한다.

우리가 욕망하던 대상이 무엇이든 그 대상을 소유하면 만족할 수 있으리라는 덧없는 환상에 빠지기도 하나, 우리의 욕망은 의미작용의 연쇄에 따라 끊임없이 미끄러지는 환유와도 같기 때문에 결핍과 공허를 극복하기 어렵다는 것이다. 라캉은 욕망의 이러한 역동을 '오브제 프티 아(objet petit a)'라는 어려운 용어로 설명한다. 라캉의 큰 타자는 상징적 단계의 타자를 뜻하는 사회문화적 규범이고, 작은 타자는 상상적 단계의 타자 즉 거울 이미지나 어머니처럼 나르시시즘적 동일시의 대상을 뜻한다. '오브제 프티 아'에서 '오브제(objet)'는 대상이고, '프티 아(petit a)'는 작은 타자를 뜻한다. 결국, 라캉 정신분석의 핵심 개념인 '오브제 프티 아'는 인간 욕망의 원인이 되는 고정된 대상은 없다는 것이고, 인간 욕망의 본질은 어떤 대상을 지향한다기보다는 오히려 존재론적 결핍과 심연 혹은 공허를 채울 수 있다는 끝없는 환상이라는 것이다. 요컨대, '오브제 프티 아'는 욕망의 대상이 무엇이든 그 대상을 소유하면 만족할 수 있으리라는 끝없는 환상이고, 그래서 라캉은 실재계는 불가능하다고 한다. 그럼에도 불구하고, 만족을 모르는 끝없는 욕망 때문에 타자를 나르시시즘적 자아로 상상도 하고, 이러한 덧없는 상상을 자제하고 현실에 적응하기 위해 상징계를 특징짓는 큰 타자의 규범적 요청을 내면화하면서, 상상계, 상징계, 실재계는 "보로메오 매듭(Borromean knot)"이 비유하듯 영역 간 불가분의 관계로 얽혀 있다는 것이다.

동일자와 타자의 대립에 관한
데리다의 해체적 성찰

Jacques
Derrida

해체전략은 말과 글, 동일자와 타자, 강자와 약자 같은

근거 없는 이원적 대립의 모순을 해체하는 철학이다. 특히

강자가 약자보다 특권을 누리는 현실은 이성의 논리가 아니라

"늑대와 어린양의 우화"처럼 힘의 논리 때문이다. 그래서

해체이론은 소외된 약자를 환대하는 윤리적 전환을 호소한다.

1
로고스중심주의 비판

프랑스의 철학자 데리다(Jacques Derrida : 1930~2004)는 해체이론의 선구자로 유명하다. 그가 1967년에 발표한 『그라마톨로지(*Of Grammatology*)』, 『글쓰기와 차이(*Writing and Difference*)』, 『말과 현상(*Speech and Phenomena*)』은 모두 서양의 전통철학에 대한 해체적 비판이다. 데리다가 해체적 비판이라고 부르는 독특한 비판전략을 고안하여 비판하는 대상은 서양의 전통적 사고방식이고 서양철학이다. 그리스철학 이래로 서양의 철학적 전통은 로고스(logos), 이데아(idea), 신(神), 보편적 이성, 절대정신 같은 하나의 궁극적 근원이나 본질을 신성불가침의 토대로 삼고 다양한 현상을 획일적으로 설명하는 근원주의 철학이라는 것이다. 데리다는 이러한 근원주의적 서양철학의 특징을 여러 가지 서로 다른 용어로 나타낸다.

근원주의(foundationalism)적 서양의 철학적 전통을 데리다는 현전의 형이상학 혹은 형이상학이라고 부르기도 하고, 이를 로고스중심주의, 음성중심주의 혹은 이성중심주의라고도 부른다. 서양의 철학적 전통인 근원주의 철학을 현전의 형이상학(metaphysics of presence)이라고 부르는 것은 서양 철학이 로고스, 이데아, 신(神), 절대정신 같은 매우 추상적이고 형이상학적인 궁극적 근원이 분명히 존재한다고 확신하는 참으로 정당화되기 어려운 철학이라는 점을 냉소적으로 비판하기 위한 표현이다. 다시 말해서, 현전의 형이상학 중 현전은 지금(現) 내 눈앞(前)에 있는 것은 그 존재를 의심하지 않는 것처럼 궁극적 근원이 분명히 존재한다는 뜻이고, 형이상학은 로고스, 이데아, 신(神), 절대정신 같은 궁극적 근원이 모두 추상적이라는 것을 뜻한다.

로고스중심주의의 "로고스(logos)"는 말, 사상 혹은 이성의 뜻을 갖는 그리스어라고 한다(Powell, 1997 : 33). 데리다가 로고스중심주의라고 하는 것은 말(speech)이 사상이나 생각을 나타내는 기표이고, 글은 말을 다시 나타내는 기표의 기표이기 때문에 글보다 말, 문자언어보다 음성언어가 더 본질적이고 중요한 언어라는 입장이다. 진리나 생각은 말을 통해서 드러나고, 글은 말을 기록하는 수단이지만, 말을 완벽하게 기록하지 못해 그 의도가 왜곡되고 변질될 수도 있기 때문에 글은 말보다 하위의 부산물이라는 입장이다. 그래서 로고스중심주의를 음성중심주의라고도 부른다(Derrida, 1974 : 11). 성경에 "태초에 말씀(logos)이 계셨고, 이 말씀이 곧 하나님이라"(요한복음 1장 1절)는 표현은 음성을 통해서 하나님의 섭리가 드러나고, 자연에 체현된 이러한 섭리나 이성이 곧 하나님이라는 것이다. 다시 말해서, 로고스중심주의는 로고스, 말씀 혹은 음성이 초월적 기의에 가장 가까운 일차적 언어이고 문자는 음성보다 부차적이라는 것이다.

음성을 통해서 하나님의 섭리가 드러난다는 것은 데리다의 표현으로

제7장 동일자와 타자의 대립에 관한 데리다의 해체적 성찰

옮기면, 음성을 통해서 초월적 기의가 드러난다는 것이다. 다시 말해서, 로고스중심주의는 현전의 형이상학을 수반하고, 초월적 기의의 현전을 중요시한다는 것이다(Derrida, 1974 : 49). 요컨대, 플라톤과 아리스토텔레스 이래로 소쉬르에 이르는 로고스중심주의 혹은 음성중심주의의 기본 상정은 다음과 같다. 언어에 앞서 먼저 실재의 의미가 있고, 이를 여실히 재현하는 순수 기표가 음성언어이고, 이 음성언어를 다시 재현하는 기표의 기표가 문자언어이기 때문에 일차적으로 중요한 것은 글이 아니고 말이며, 문자언어가 아니고 음성언어라는 입장이다. 로고스중심주의 혹은 음성중심주의는 소리를 통해서만 궁극적 의미가 재현된다는 사고방식이다(Derrida, 1974 : 30~31).

이상에서 본 것처럼, 로고스중심주의, 음성중심주의 혹은 이성중심주의 등으로 불리는 서양의 철학적 전통은 초월적 기의나 추상적 근원이 분명히 존재한다고 확신하는 현전의 형이상학이다. 현전의 형이상학이라고 하는 것은 이원적 대립체계를 뜻한다. 서양의 철학적 전통을 현전의 형이상학이라고 하든, 로고스중심주의, 음성중심주의 혹은 이성중심주의라고 하든, 이 모든 개념에 공통된 문제점은 근거 없는 위계적인 이원적 대립체계라는 것이다. 이원적 대립체계는 음성언어가 문자언어보다 본질적 언어이고, 신(神)이 인간보다 근원적이고, 현전(presence)이 부재(absence)보다 본질적이고, 이성이 비이성보다 인간됨의 핵심적 요체라고 생각하는 위계적이고 서열적인 사고방식을 함축하고 있으나, 데리다는 이러한 위계성과 서열성은 정당화될 수 없다는 것이다. 서양의 철학적 전통은 이원적 대립(opposition)의 한쪽에 특권을 부여하고, 대립항의 다른 쪽을 억압하고 타자화하는 폭력적 사고방식이기 때문에 해체되어야 한다는 것이다(Reynolds, 2006).

해체적 비판은 하나의 궁극적 근원을 강조하는 서양철학의 근원주의적 전통에 대한 비판이고, 이는 곧 현전의 형이상학에 대한 비판이며, 로고스중심주의에 대한 비판이고 이원적 대립에 대한 비판이다. 서양철학의 역사가 현전의 형이상학의 역사라는 말은 서양인들의 사고방식은 항상 이원적 대립체계가 지배해왔다는 것이다. 따라서 데리다의 해체적 비판은 말과 글, 신과 인간, 정신과 물질, 현전과 부재, 남성과 여성, 동일자와 타자 같은 이원적 대립의 어느 한쪽에 특권을 부여해온 서열적 사고방식을 비판한다. 해체적 비판은 대립항 간의 관계를 우열의 관계가 아니라 상호보완적 관계로 재개념화하는 것이 특징이다. 데리다가 보기에는 음성언어와 문자언어, 말과 글 중 어느 한쪽이 더 중요하다는 주장의 타당성을 결정할 수 없다는 것이다.

2
차연과 결정불가능성

소쉬르(Saussure)의 구조언어학은 차이를 통해서 언어의 의미가 결정된다고 보았다. 데리다는 차이를 통해 의미 결정이 가능하다는 소쉬르의 논리에 따라 차이를 철저하게 분석해보면 차이의 분석이 끊임없이 연기되기 때문에, 차이를 통한 의미 결정도 끝없이 지연될 수밖에 없고, 그래서 결국 차이를 통한 의미 결정은 불가능하다고 주장한다. 이는 소쉬르의 논리에 따라 소쉬르의 결론에 모순이 있음을 폭로하는 해체적 비판이다. 다시 말해서, 텍스트의 논리에 따라 그 텍스트의 결론이 부당함을 폭로하는 이러한 내적(內的) 비판을 해체적 비판이라고 한다. 차이를 통해 의미 결정이 가능하다는 소쉬르의 논리를 철저히 따르면, 어떤 기호의 의미는 연쇄관계로 인접된 다른 기호들과의 차이에 의존하고, 계열관계로 유사성 있는 다른 기호들과의 차이에도 의존할 뿐만 아니라, 특히 후자는 무의식적 어휘 목록을 이루는 수많은 어휘들 간의 차이에 의존하기 때문에, 차이의 분석이 끝없이 지연될 수밖에 없고 그래서 최종적 의미 결정은 불가능한 것이다.

최종적 의미 결정이 불가능한 이유는 차이의 분석이 끝없이 지연되기 때문이다. 데리다는 차이와 지연을 축약한 신조어를 차연(差延)이라고 부른다. 프랑스어로 차이(difference)와 차연(differance)은 문자로는 구별이 되지만 발음으로는 구별이 어렵다고 한다. 데리다는 '차연'이라는 신조어를 만들면서도 음성중심주의가 정당화되기 어려운 경우도 있다는 것을 강조하는 냉소적 기지를 발휘한 것이다. 어떻든 데리다 해체철학의 핵심은 차연 개념이다. 차연(差延) 개념을 통해 데리다가 강조하는 것은 다음과 같다. 첫째로, 차연으로 인해 궁극적 근원의 타당성을 결정할 수 없기 때문에, 근원주의 철학은 정당화될 수 없다는 것이다. 따라서 현전의 형이상학, 음성중심주의, 로고스중심주의, 이성중심주의적 관점은 모두 정당화되기 어렵다. 둘째로, 차연 때문에 근원주의가 정당화될 수 없기 때문에 그 어떤 것에도 절대적 가치를 부여할 수 없다. 차연의 원리 때문에, 종교적 근원주의든, 이성지상주의든, 어떤 것에도 절대적 가치를 부여할 수 없다는 것이다. 셋째로, 차연 때문에 대립항 중 어느 한쪽에 특권을 부여하는 것도 정당화될 수 없다. 따라서 전통 철학이 그동안 의거해 온 이성과 감성, 현존과 부재, 말과 글 같은 진부한 이원적 대립을 해체해야 한다는 것이다. 데리다에 따르면, 이원적 대립을 이루는 각항은 우열의 관계가 아니라 상호보완적 관계이고, 대립항 각각의 고유성과 차이 및 이질성을 존중해야 한다.

요컨대, 데리다의 해체적 비판의 핵심은 차연 때문에 궁극적 근원의 타당성을 결정할 수 없고, 궁극적 의미도 결정할 수 없다는 것이다. 비단

제7장 동일자와 타자의 대립에 관한 데리다의 해체적 성찰

데리다뿐만 아니라, 라캉, 푸코, 보드리야르, 들뢰즈와 가타리 등의 포스트구조주의는 모두 궁극적 근원의 의미 결정은 불가능하다고 본다. 소쉬르의 구조주의는 차이를 통해서 의미가 결정된다고 보나, 포스트구조주의는 의미 결정이 불가능하다는 입장이다. 예컨대, 라캉의 경우에는 계열관계와 연쇄관계, 은유와 환유의 언어규칙에 따라 무의식적 내용이 끊임없이 왜곡 변형되기 때문에 무의식적 욕망의 정체 혹은 궁극적 의미를 결정할 수 없다는 것이고, 데리다의 경우는 차이와 지연을 포함하는 끊임없는 차연 때문에 언어의 최종적 의미를 결정할 수 없다는 것이다. 결정불가능성(undecidability)을 논증하는 방법이 라캉은 언어학적 정신분석을 이용하고, 데리다는 언어철학적 방법을 사용하는 점은 달라도, 양자 모두 기표들의 끊임없는 사슬 아래로 기의가 계속 미끄러지기 때문에 최종적 의미의 결정불가능성을 주장하는 결론은 같다.

『그라마톨로지』(1974/1967)에서, 데리다는 로고스중심주의 혹은 음성중심주의를 해체하기 위해 "원초적 글쓰기(arche–writing 혹은 arche–ecriture)"라는 새로운 개념을 도입한다(1974 : 56). 데리다는 말과 글, 음성언어와 문자언어는 대립의 관계가 아니라 상호의존적 관계라고 생각한다. 음성언어는 화자의 마음속에 기록된 기억 흔적을 소리로 나타낸 것이고, 마음속에 기록된 문자는 말을 기록한 흔적이므로, 말과 글은 위계적 대립의 관계가 아니라 상호의존적 관계라는 것이다. 따라서 원초적 글쓰기는 말보다 글이 더 중요하다는 것이 아니라, 말이든 글이든 모든 언어는 차연 때문에 실재를 여실히 드러낼 수 없다는 개념이다. 로고스중심주의는 말은 실재를 여실히 드러낼 수 있으나, 글은 실재를 여실히 드러낼 수 없다고 주장하나, 데리다는 말이든 글이든 모든 언어는 실재를 여실히 드러낼 수 없고, 실재를 여실히 드러낼 수 없는 것이 "모든 의미작용에 공통된 특성"(Derrida, 1974 : 46)이고 바로 이러한 특성이 원초적 글쓰기라는 것이다.

원초적 글쓰기는 통속적 글쓰기(vulgar concept of writing)와 다르다. 전자는 말과 글을 포함한 언어 일반을 통칭하는 개념이고, 후자는 말에 대립되는 글만을 지칭하는 개념이기 때문이다(Derrida, 1974 : 56). 따라서 글보다 말에 특권적 지위를 부여하는 소쉬르, 레비스트로스, 루소 등의 로고스중심주의는 원초적 글쓰기 개념에 의해서 해체되는 것이다. 말이든 글이든 모든 언어가 실재를 여실히 드러낼 수 없다고 보는 이유를 데리다는 현존하는 기호는 부재하는 다른 기호들의 흔적(trace)을 품고 있기 때문이라고 본다. 예컨대, "빨강"이라는 말을 할 때, 말하는 나 자신이나 대화 상대자 모두가 지각하는 빨강의 의미는 노랑, 파랑, 분홍, 초록 같은 무의식에 기록된 수많은 기억 흔적들과의 관계에 의존하고, 그래서 의미 결정이 끊임없이 차연되기 때문에 언어가 실재를 여실히 드러낼 수 없다는 것이다.

데리다는 이러한 흔적 개념을 프로이트의 심리학에서도 발견한다. 프로이트는 「신기한 쓰기패드에 관한 논문」(1925)에서 아이들의 장난감인 쓰기패드(Mystic Writing Pad)를 인간정신의 은유로 제시한다. 쓰기패드는 그 바탕이 갈색의 왁스 입힌 평판(waxed slab)이고, 그 위에 투명한 왁스 입힌 종이(waxed paper)가 있고, 이를 보호하는 투명한 셀룰로이드 커버(celluloid cover)로 덮어 만든 것이다. 패드에 글을 쓴 후 셀룰로이드 커버를 들어 올리면 씌어진 글이 사라지지만, 왁스 입힌 평판에는 씌어진 흔적이 영원히 남아 있다는 것이다. 프로이트가 보기에는 "셀룰로이드와 왁스 입힌 종이는 지각-의식체계 및 그 보호막과 같고, 왁스 입힌 평판은 지각-의식 이면의 무의식과 같다"(Freud, 1925 : 211). 그래서 프로이트는 쓰기패드가 정신기능과 아주 유사하다고 본다. 쓰기패드처럼, 정신 기능도 세 가지 층위로 구성된다. 우선 셀룰로이드 커버는 자극의 강도를 완화하는 보호막의 기능이고, 그 아래 투명한 왁스 입힌 종이는 자극을 수용하는 기능을 수행하고, 갈색의 왁스 입힌 평판(waxed slab)은 영원한 기억흔적을 보유한다.

프로이트는 의식 영역에서는 나타났다가 사라지는 것도 무의식 영역에는 영원한 흔적을 남긴다는 점에서 쓰기패드가 정신분석에 유용하다고 보나, 데리다(1978)는 「프로이트와 쓰기의 장면」이라는 논문에서, 쓰기패드에 관한 프로이트의 핵심적 관점은 무의식의 내용이 씌어진 기억 흔적(memory trace)이고, 그래서 쓰기패드 개념은 로고스중심주의와 현전의 형이상학에 대한 해체적 비판에 유용하다고 본다. 다시 말해서, 언어의 의미가 차별적 관계를 통해 결정된다면, 현전(presence)이면서 동시에 부재(absence)이고, 있음이면서 동시에 없음을 뜻하는 기억 흔적 때문에, 데리다는 말이든 글이든 모든 언어는 실재를 여실히 드러낼 수 없고, 실재를 여실히 드러낼 수 없는 이러한 특성이 곧 원초적 글쓰기의 특징이라는 것이다.

한편, 궁극적 근원을 중요시하는 서양의 철학적 전통은 신과 인간의 관계도 대립 개념으로 규정하고 전자에 특권을 부여해왔으나, 데리다는 이러한 위계적 사고방식의 타당성을 결정할 수 없다고 본다. 정신적 존재인 신은 시간과 공간의 제약을 초월하고, 감성적 실존인 인간은 시공의 제약을 받는 존재이다. 시공의 제약 속에 존재하는 인간이 시공의 제약을 초월하는 신을 제대로 인식할 수 없다. 예컨대, 신은 "처음이요 나중"이라고 하나 처음과 나중이 시간 개념이기 때문에 이는 신에 대한 정확한 인식이 아니고, "저 높은 곳"에 계시는 하나님이라고 할 때의 높은 곳도 공간 개념이기 때문에 이 또한 하나님에 대한 올바른 인식이라고 할 수 없다. 인간은 신을 인식할 수 없다는 것이다. 스피노자의 관점에서 생각하면, 신 개념이 어떤 의미를 가지려고 하면 신은 곧 자연이고 신이 곧 인간이어야 한다. 신은 인간 혹은 자연에 정신으로 내재하고, 자연의 질서 정연한 조화를 통해서 스스로를 드러내기 때문에 신이 곧 자연이요, 신이 곧 인간이라는 것이다. 그래서 신과 인간의 관계를 대립의 관계로 보는 것은 정당화될 수 없다는 것이다.

요컨대, 종래의 관점은 음성언어와 문자언어, 신과 인간, 이성과 감성, 현존과 부재, 남성과 여성 같은 대립항 간의 차이를 우열의 문제로 보고 대립항의 어느 한쪽에 특권적 지위를 부여해왔으나, 데리다는 이러한 위계적 사고방식에 결정적 모순이 있다고 본다. 대립항 간의 관계는 우열의 관계가 아니라 상호의존적 관계이기 때문에, 각항의 고유성과 차이를 존중해야 한다는 것이다. 데리다가 보기에 로고스중심주의나 이성중심주의 같은 서양철학의 근원주의적 사고방식은 정당화되기 어려운 이원적 대립의 서열적 사고를 확산시킨다. 특히 이성적 '우리'와 비이성적 '그들', 이성적 동일자와 비이성적 타자, 정상과 비정상 같은 배타적 사고방

　　제7장 동일자와 타자의 대립에 관한 데리다의 해체적 성찰

식은 사회적 반목과 갈등을 조장하는 근원주의 철학의 병폐라는 것이다. 예컨대, 기독교 근본주의나 회교 근본주의 같은 문화적 및 종교적 배타주의는 타자의 이성은 곧 비이성이라고 낙인 찍음으로써 편견과 갈등을 심화시킨다.

3

마르크스의 유령

일반적으로 데리다의 사상을 해체철학에 치중하던 80년대까지의 초기 사상과 해체철학을 정치적 및 윤리적 문제에 응용한 90년대 이후의 후기 사상으로 구분한다. 이러한 입장에 대해 데리다 자신은 초기와 후기 사이에 극적인 전환이 있었다기보다는 오히려 해체철학의 정치적 및 윤리적 시사점 같은 것이 초기 사상에도 이미 암시되어 있다고 주장한다 (Derrida, 2005 : 39). 그럼에도 불구하고 데리다가 쓴『마르크스의 유령들 (*Specters of Marx*)』(1994/1993)은 마르크스 사상에 관한 데리다 최초의 저서일 뿐만 아니라, 자신의 정치적 및 윤리적 입장을 전례없이 직접적으로 표명했다는 점에서 획기적 전환이고, 그래서 후기 사상의 대표적 저작이라 할 수 있다. 원래 이 책은 1993년 4월 22일과 23일 이틀간 캘리포니아대학(Riverside)에서 "마르크스주의는 죽었는가(Is Marxism Dying?)"라는 주제로 열린 학회에서 데리다가 발표한 내용을 재편집한 것이다.

데리다가『마르크스의 유령들』의 출판을 준비하던 시기는 자본주의

제7장 동일자와 타자의 대립에 관한 데리다의 해체적 성찰

와 사회주의간 이데올로기 대립에 큰 지각변동이 일어나던 전환기였다. 1989년에 베를린 장벽이 붕괴되고, 1991년에 소련(USSR)의 현실사회주의 체제가 해체되었다. 이러한 변화를 체험하면서 자본주의를 찬양하던 보수진영에서는 자본주의와 자유민주주의의 세계사적 승리가 확실하다고 의기양양해하던 시기였다. 미국의 정치철학자 후쿠야마(Francis Fukuyama)가 1992년에『역사의 종말(the End of History)』을 출판한 것은 그 대표적 사례였다. 이 책에서 후쿠야마는 베를린 장벽의 붕괴와 사회주의 종주국인 소련의 몰락과 함께, 이제 자본주의와 사회주의간의 이데올로기 대립 혹은 자유민주주의와 평등민주주의간 이데올로기 대립의 역사는 끝나고 자유민주주의와 자본주의가 최종적인 승리를 실현하게 되었다고 주장한 것이다.『마르크스의 유령들』(1994)에서 데리다는 "이데올로기 대립에 종말 같은 것은 결코 있을 수 없다"(1994 : 97)면서 후쿠야마의 주장을 냉소적으로 비판한다.

구체적으로 자본주의 사회에는 거의 재앙에 가까운 심각한 갈등과 모순이 누적되기 때문에 자본주의의 최종적 승리감 같은 것은 보수주의자들의 근거 없는 환상에 불과하다는 것이다. 데리다는 자본주의에 만연된 모순의 심각성 혹은 "열 가지 재앙"을 열거한다(1994 : 100~104) : (1) 심각한 실업문제와 능력 이하의 일을 하는 불완전 취업이나 잠재적 실업문제, (2) 난민, 망명자, 무국적자, 노숙자, 불법 이민자 같은 소외된 사회적 타자의 배제나 추방 같은 윤리적 문제, (3) 국가간 무자비한 무역전쟁의 격화, (4) 불법적 마약과 파괴적 무기의 부단한 매매 같은 자유무역과 보호주의의 모순, (5) 과중한 외채에 시달리는 개발도상국에서 굶주리는 다수와 사치재 구매와 과시적 소비에 급급한 소수 엘리트 간의 역설적 모순, (6) 엄청난 규모의 파괴적 무기판매에 급급한 강대국의 부도덕인 상행위를 통제할 수 없는 모순, (7) 핵능력 자체는 지식의 문제이기 때문에 봉쇄하기 어려운 것이고, 그래서 핵능력을 합리적으로 제한하기 어렵다는 문제점, (8) 민족 정체성이 민족간 대립과 전쟁을 촉발하고, 민족 내부의 단결이 민족간 배척을 심화시키는 모순, (9) 마약 카르텔 같은 범죄조직이 장악하는 비민주적 권력의 문제점, (10) 강대국이 장악하고 주도하는 국제법과 국제기구의 권력을 약소국에게 강압적으로 행사하면서도 대표성 있는 국제기구를 표방하는 위선과 모순이 모두 심각한 재앙이라는 것이다.

자본주의의 문제점으로 데리다가 열거한 열 가지 재앙은 근본적으로 보면 빈부 간의 심각한 갈등과 모순으로 요약할 수 있다. 국내적으로 극심한 빈부 간의 갈등은 물론 국제적으로도 테크놀로지와 경제적 및 군사적 능력에서 빈부 간의 심한 격차가 세계자본주의 체제의 재앙이라는 것이다. 자본주의가 고도화되면 재앙에 가까울 정도로 빈부격차가 심화되고, 사회주의가 고도화되면 자유경쟁은 위축될 것이다. 다시 말해서, 자유 이념을 극단화하면 평등 이념이 훼손될 수밖에 없고, 평등 이념을 극단적으로 추구하면 자유경쟁의 이념은 훼손될 수 밖에 없는 것이다. 민주주의의 두 가지 핵심 이념인 자유와 평등을 그냥 이념적으로 주장할 수는 있으나, 구체적 제도 속에 구현하려고 하면 자유와 평등은 적대적 모순관계에 돌입한다. 따라서 자본주의든 사회주의든 자유와 평등 이념을 동시에 구현한 완벽한 민주주의는 끊임없이 차연(差延)되기 때문에,

데리다가 보기에는 "자유민주주의적 자본주의에 대한 후쿠야마의 찬사"는 근거 없는 맹목적인 환상일 뿐이다(1994 : 100). 다시 말해서, 자유민주주의든 인민민주주의든 완전한 민주주의는 어떤 실현된 상태가 아니라, 끊임없는 개선을 통해 추구되어야 할 대상이고, 이는 민주주의의 이상과 현실의 괴리를 뜻하고, 이상적 민주주의의 차연을 뜻하는 것이다.

데리다는 민주주의의 이러한 특성을 "도래할 민주주의(democracy to come)"라고 부른다(1994 : 81; 2005 : 86). 데리다가 보기에, 민주주의의 이상과 현실 간의 괴리는 가장 안정되고 유서 깊은 이른바 서구 민주주의를 포함해서 "모든 민주주의의 공통된 특징"이다(1994 : 80~81). 여기서 중요한 문제가 되는 것은 이상과 현실 간의 괴리 때문에 제기되는 끊임없는 "약속으로서의 민주주의 개념"(1994 : 81)이고 차연으로서의 민주주의라 할 수 있다. 그래서 우리는 미래의 어떤 완벽한 민주주의를 주장하기보다는 오히려 끊임없이 개선되는 민주주의를 말해야 한다. 다시 말해서, 자본주의의 최종적 승리에 도취된 후쿠야마 같은 보수주의 사상가가 확신하는 완벽한 유토피아(utopia)를 주장할 것이 아니라, 꾸준한 개선을 통해 보다 정의로운 민주사회를 실현하려는 끊임없는 희망을 말해야 한다는 것이다. 데리다는 전자를 "메시아주의(messianism)", 후자를 "메시아적(messianic) 희망"이라는 은유로 나타낸다(1994 : 81~82).

원래 메시아주의(messianism)는 현실의 불의와 불행을 제거하고 완전한 정의와 행복을 실현할 수 있는 구세주 강림을 믿는 종교적 신앙을 뜻한다. 그러나 데리다에 따르면, "종교와 관계없는 메시아주의"(1994 : 74)도 있을 수 있다. 후쿠야마는 복음전도사 같은 수사법을 동원하여, 그동안 우리는 미래가 어둡다는 이야기에 익숙해졌으나, 그럼에도 불구하고 자본주의의 최종적 승리로 이제 밝은 미래가 우리 앞에 열렸다고 주장함으로써 유토피아의 도래를 설파하고 있으나, 데리다는 복음전도사의 이 같은 달콤한 언설에 현혹되지 않아야 한다는 것이다(1994 : 74~75). 후쿠야마는 완전무결한 유토피아를 제시하는 헤겔과 마르크스를 탁월한 사상가로 예찬한다. 헤겔과 마르크스는 모두 인류사회 진화에 최종단계가 있다고 믿기 때문이다. 후쿠야마는 특히 변증법적 발전의 최종단계를 자유주의 국가라고 보는 헤겔을 따르고(Derrida, 1994 : 83), 자유주의 국가의 출현을 구세주의 강림처럼 상정하고, 자유민주주의 국가에서 "역사의 종말"을 고하게 되었다고 주장하기 때문에, 데리다는 후쿠야마의 이러한 주장은 종교와 무관하면서도 본질적으로 기독교적 종말론(eschatology)과 비슷한 논리적 구조라는 것이다(1994 : 75~76). 차연 개념을 강조하는 데리다의 해체철학은 헤겔이나 마르크스처럼 최종적이고 이상적인 어떤 유토피아적 사회상을 미리 규정하는 역사법칙주의를 거부한다. 따라서 데리다가 메시아성(messianicity) 혹은 메시아적(messianic)이라고 하는 것은 완전한 민주주의가 실현된 유토피아를 뜻하는 것이 아니라 완전한 민주주의의 차연을 뜻하는 것이다(1999 : 248).

데리다는 마르크스의 비판정신을 존중하지만 그렇다고 마르크스주의자(Marxist)도 비(非)마르크스주의자(non-Marxist)도 아니다. 따라서 『공산당 선언문』(1848)의 유령과 『마르크스의 유령들』(1994)의 유령이 당부하는 내용은 다르다. 『공산당 선언문』의 유령은 사유재산 제도를 철폐하고 노동자계급이 지배하는 공산주의를 실현하기 위해 만국의 노동자에게 단결을 호소하는 유령이었다. 1861년 런던에서 가졌던 제1인터내셔널, 1889년 파리의 제2인터내셔널, 1919년 러시아에서 열린 제3인터내셔널 혹은 코민테른은 모두 노동자와 노동당이 중심이었다. 그러나『마르크스의 유령들』에서 데리다가 강조하는 유령의 호소는 거의 재앙에 가까운 자본주의의 모순된 현실을 시정하기 위해 "새로운 인터내셔널"을 형성하라는 것이다. "새로운 인터내셔널(New International)"은 이제 "노동당이나 노동자 계급과 관계없이" 오직 정의사회를 추구하는 마르크스의 비판정신에 공감하는 사람들 간의 동맹이고 데리다는 이를 "우정의 동맹"이라고 한다 (1994 : 107). 다시 말해서, 데리다가 마르크스의 유령이라고 할 때의 유령 개념은 당이나 계급과 관계없이 오직 사회정의를 강조하는 마르크스의 비판정신을 계승하는 개념이다.

마르크스의 비판정신을 마르크스의 유령으로 표현하는 것은 유령(specter)이 존재도 비존재(being or non-being)도 아니고, 살아 있는 것도 죽은 것 (alive or dead)도 아닌 독특한 특성(1994 : 63) 때문에, 데리다가 강조하는 이원적 대립의 해체, 흔적(trace)과 차연 및 결정불가능성(undecidability) 같은 해체이론의 핵심개념들과 깊이 관련된 개념이기 때문이다. 그래서 그는 존재를 강조해온 전통철학의 존재론(ontology)을 존재도 비존재도 아닌 유령론(hauntology)으로 대체한 것이다(1994 : 63). 사회적 모순을 시정할 필요성은 절실하나, 그럼에도 불구하고 완벽한 정의사회는 차연 때문에 실현이 불가능하다. 따라서 완벽한 민주주의나 정의 같은 것은 필요하면서도 실현 불가능하기 때문에 존재도 비존재도 아닌 유령 같은 것이다. 민주주의나 정의는 필요성과 불가능성, 기회와 위기, 약속과 위험을 동시에 내포하는 양가적 특성이 뚜렷하다. 데리다는 이러한 양가적 특성을 "이중구속(double bind)"이라고도 부른다(2005 : 82). 다시 말해서, 완벽한 민주주의나 정의의 필요성은 절실하나 그 실현은 불가능하기 때문에, 마르크스의 비판정신을 계승하는 우정의 동맹을 강화하여 앞으로 도래할 민주주의와 정의의 실현을 끊임없이 추구해야 한다는 것이다.

4
타자의 환대와 역설

데리다의 해체철학은 로고스중심주의나 이성중심주의를 비롯한 다양한 이원적 대립의 폭력성을 비판하는 철학이고, 그래서 이성과 비이성, 이성적 '우리'와 비이성적 '그들', 정상적인 동일자와 비정상적인 타자를 대립항 개념으로 규정하고, 대립항의 전자에 특권적 지위를 부여하고 후자를 배척하고 억압하는 폭력적인 사고방식을 비판하는 철학이다. 따라서 해체철학은 난민, 이주노동자, 외국인, 빈민, 무국적자, 노숙자 같은 사회적 타자들이 인간 존엄성을 박탈당한 유령 같은 존재라는 현실을 비판하고, 이들의 인간 존엄성을 존중하면서, 사회적 타자들이 더 이상 학대받지 않고 환대받아야 한다는 입장이다. 해체철학의 이러한 관점을 해체의 윤리적 전환(ethical turn)이라고 한다.

환대(hospitality)에 관한 데리다의 이론은 타자와 관계를 맺는 윤리적 방식에 관한 레비나스의 독특한 관점에서 출발한다. 레비나스(Levinas)에 따르면, 무조건적 환대든 조건적 환대든 모든 환대는 내 앞에 나타난 타자와의 만남(the encounter with the Other)에서 비롯된다. 따라서 환대에 관한 데리다의 논의는 레비나스의 주요 저작에 나타난 윤리사상과 긴밀한 관계를 갖는다(Critchley, 2014 : 3). 레비나스는 『전체성과 무한』(1979), 『존재와 다르게』(1998) 등의 저작을 통해 타자에 관한 독특한 이론을 전개한 환대이론의 대표적 사상가로 유명하다. 『전체성과 무한』에서 레비나스는 소외된 타자와의 만남을 통해서 나의 자율성과 자발성 그리고 나의 안락한 삶에 의문을 제기하고 타자에 대한 책임을 느끼게 되는 것을 윤리의 출발이라고 생각한다(1979 : 43).

　『전체성과 무한(Totality and Infinity)』에서 윤리적 주체는 타자의 말을 경청하고 타자를 환영하고 환대하는 주인의 역할을 수행한다(Levinas, 1979 : 299). 그러나 『존재와 다르게(Other than Being)』에서 레비나스는 주체를 타자에게 인질 혹은 볼모로 잡힌 존재로 파악한다. 주체에 대한 관점이 보다 타자 중심으로 전환된 것이다(1998 : 127). 타자를 환대하는 주체가 주인(host)에서 볼모(hostage)로 바뀐 것이니 이는 근본적 전환이라 아니할 수 없다. 타자의 볼모가 된다는 것은 타자에게 사로잡혀 있다는 것이고, 타자를 위해 내가 대신 박해를 받는 대속(substitution)을 자청하는 것이다. 이러한 대속(代贖)은 종교적으로는 그리스도의 수난과 같은 것이고, 일반적으로는 극단적 이타주의와 같은 개념이다. 따라서 데리다가 보기에 레비나스의 이러한 이타주의적이고 극단적인 환대는 현실의 관행적 환대와는 너무나 거리가 먼 개념이다.

　그래서 데리다는 이상적 환대와 현실적 환대, 무조건적 환대와 조건적 환대를 구별하는 포괄적인 환대 이론을 제시한다(2000 : 75~77). 무조건적 환대(unconditional hospitality)는 우리가 모르는 난민, 이방인, 빈민, 노숙자 같은 주류사회에서 소외된 사회적 타자에게도 모든 것을 조건 없이 베푸는 환대를 뜻한다. 그러나 우리가 가진 것은 유한하기 때문에 모든 타자를 동시에 환대할 수는 없다. 따라서 데리다는 무조건적 환대는 불가피하게 수정(perversion)될 수밖에 없다고 본다. 이러한 무조건적 환대와 달리, 조건적 환대(conditional hospitality)는 환대받을 만한 사람인지 아닌지, 조건을 따져서 수용하는 환대를 뜻하고, 예컨대, 이민 혹은 난민의 자격을 심사하는 경우에 우리 사회의 관행과 규칙을 존중하고 따를 만한 사람들만 선택해서 수용하는 경우를 조건적 환대라 한다. 요컨대, 무조건적 환대는 모든 타자를 무조건 환대하는 것이고, 조건적 환대는 환대받을 만한 사람만 환대하는 것을 뜻한다.

데리다는 1996년 1월 파리에서 환대 문제에 관한 일련의 강의를 하였다. 그의 『환대에 관하여(Of Hospitality)』는 이 강의 중에서 「외국인 문제」와 「환대의 발길/환대는 없다(Step of Hospitality/No Hospitality)」를 묶어 그의 제자인 안 뒤푸르망텔(Anne Dufourmantelle)과 함께 출판한 책이다. 『환대에 관하여』(2000)에서, 데리다는 무조건적 환대와 조건적 환대 사이에는 해결하기 어려운 모순과 이율배반이 있다고 주장한다. 진정한 환대는 초대받은 손님뿐만 아니라 초대받지 않은 방문객도 환대해야 한다. 다시 말해서, 진정한 환대가 가능하기 위해서는 초대받은 손님뿐만 아니라, 외국인, 이민자, 난민, 그리고 뜻밖의 방문자 등 모든 타자를 무조건 환대해야 한다. 초대의 환대 못지않게 방문의 환대도 중요하다는 것이다. 그러나 내 집을 찾아오는 모든 방문객을 조건 없이 환영하다가는 엄청난 위험을 감수해야 하는 경우도 있기 때문에, 현실적으로 무조건적 환대는 불가능하다(2000 : 75).

요컨대, 진정한 환대가 가능하기 위해서는 조건 없이 환대해야 하나, 무조건적 환대를 실행하면 개인적 혹은 사회적으로 심각한 역효과를 초래하기 때문에 현실적으로 무조건적 환대는 불가능한 것이다. 진정한 환대가 꼭 필요하면서도 현실적으로 불가능하다는 점에서 이중구속(double bind)이고 양가적이다. 예컨대, 2015년 9월 초 부모를 따라 유럽행 난민선을 탔다가 지중해에서 배가 전복되는 사고로 파도에 밀려 터키의 어느 해변에 시체로 발견된 세 살배기 시리아 어린이의 사진 한 장에 국제사회가 안타까워하고 있을 때 독일의 메르켈 총리는 시리아 난민들을 조건 없이 모두 받아들이겠다고 결정하여 세상을 놀라게 했다. 그러나 난민들 중에는 난민을 가장하여 유럽으로 들어 온 극단적 혁명세력들도 있었고, 이들은 평화롭던 유럽에서 테러를 자행하고 심한 경우 번화가의 인파를 향해 트럭을 몰아 여러 사람이 사망하고 수십 명이 부상당한 사건도 발생하였다. 요컨대, 진정한 환대가 가능하기 위해서는 무조건 환대를 해야 하나, 무조건적 환대가 엄청난 사회정치적 혼란을 초래하기 때문에 환대를 불가능하게 하는 것이다. 이와 같이 가능성의 조건이 동시에 불가능성의 조건이 되는 역설을 환대에 관한 가능성과 불가능성의 역설(aporias) 혹은 환대의 이율배반(antinomy)이라고 한다.

이와 같이 무조건적 환대와 조건적 환대는 근본적으로 다르지만, 무조건적 환대와 조건적 환대는 상호의존적 관계이기 때문에 서로 분리될 수 없는 것이다(Derrida, 2000 : 147). 조건적 환대가 없으면, 무조건적 환대는 유토피아적이고 환상적이며 추상적 사변에 빠지기 쉽고, 조건적 환대를 통해서 비로소 구체적이고 실효성 있는 환대가 될 수 있다. 이와 대조적으로 무조건적 환대가 없으면, 조건적 환대는 타자를 더 배려하고 더 포용적인 환대의 윤리가 될 수 있도록 자극하는 꿈과 이상을 상실하게 된다. 다시 말해서, 무조건적 환대는 조건적 환대를 통해서 수정 가능(perversibility)하면서 현실성을 갖게 되고, 조건적 환대는 무조건적 환대를 통해서 완성가능성(perfectibility)을 지향하게 되는 상호의존적 관계라는 것이다(2000 : 79). 결국, 무조건적 환대와 조건적 환대는 서로 모순되고 이율배반적이면서도 서로 분리될 수 없는 상호의존적 관계이기 때문에, 어느 쪽이 더 근원적이고 더 중요한가를 결정할 수 없는 것이다. 이러한 결정불가능성이 바로 해체의 특성이기 때문에, 환대의 이율배반 혹은 환대의 아포리아(aporia)가 환대의 해체적 응용이고 해체적 환대 이론이라 할 수 있다.

요컨대, 밝음과 어두움, 정신과 물질, 현존과 부재, 말과 글 같은 대립항 중 어느 쪽이 더 본질적인가를 결정할 수 없는 것처럼, 데리다는 무조건적 환대와 조건적 환대, 이상적 환대와 현실적 환대의 경우도 어느 쪽이 더 중요하고 본질적인가를 결정할 수 없다고 본다. 일반적으로 기존의 윤리이론은 조건적 환대 이론이다. 예컨대, 칸트 윤리의 핵심은 정언명법이다. 정언명법은 개인차원의 행위규칙이 모든 이성적 인간에게 보편적으로 적용될 수 있는 행위규칙이 되도록 하라는 것이다. 내가 타인에게 환대받기를 바라면, 나도 타인을 환대해야 한다는 것이다. 따라서 이는 조건적 환대이다. 결국, 칸트(Kant)를 비롯한 종래의 환대 이론은 조건적 환대 이론이고, 레비나스(Levinas)의 환대 이론이 무조건적 환대 이론이라면, 데리다의 환대 이론은 조건적 환대와 무조건적 환대를 이율배반적이면서도 서로 분리될 수 없는 상호보완적 관계로 파악하는 특수한 환대 이론이다. 환대에 관한 기존의 관행에 대한 자기반성에서 출발하면서도 기존의 환대보다 소외된 타자를 더 포용하고 배려할 수 있는 수준으로 보다 완벽한 수준의 다가올 환대(hospitality to come)를 강조하는 것이 데리다의 독특한 환대 이론이다.

5
강대국과 약소국 : 횡포와 소외

생애의 마지막 저서인 『불량배들 : 이성에 관한 두 편의 에세이(*Rogues: Two Essays on Reason*)』의 서문에서, 데리다는 제멋대로 갖다 붙인 비합리적 이유로 늑대가 어린 양을 잡아먹었다는 프랑스 라 퐁텐(La Fontaine)의 우화 "늑대와 어린 양"을 인용한다. 어린 양 한 마리가 계곡에서 물을 마시고 있을 때 늑대가 나타나서 "내가 마실 물을 왜 흐리고 있느냐"고 호통을 쳤다. 그러자 어린 양은 "저는 어르신보다 20피트나 더 아래에 있는데 어떻게 흐린단 말입니까"라고 대답을 했다. 할 말이 없어진 늑대가 잠시 머리를 굴리더니 다시 호통을 쳤다. "너, 지난해 날 욕하고 도망간 바로 그 녀석이지?" 이번에도 어린 양은 놀라운 표정으로 대답했다. "그럴 리가 있나요. 그때 전 태어나지도 않았는걸요." 그러자 늑대가 말했다. "그러면 네 형이었나 보다." "저는 형이 없는데요." "그러면 네 가족 중 누구였을 거야. 게다가 너희 편들, 양치기와 개들은 나를 항상 노리고 있었지. 너한테 복수를 해야겠다." 늑대는 어린 양을 한 입에 삼켜버렸다. 이 우화를 통해 데리다가 환기하는 것은 "법보다 힘이 이긴다" 것이다(2005 : xi).

이 책『불량배들(Rogues)』은 2003년에 프랑스어로 출판되고 2005년에 영어판이 나온 화제작이다. 그는 사망 1년 전까지 화제작을 낼 정도로 놀라운 다작의 사상가였다.『불량배들』을 화제작이라고 하는 이유는 이 책에서 데리다가 오늘날 우리가 뉴스를 통해 "불량배 국가" 혹은 "악의 축"이라는 말을 많이 듣고 있지만, 진짜 불량배 국가는 언론에서 듣고 있는 이라크나 리비아 같은 독재자가 통치하는 개발도상국이 아니라, "미국이 가장 폭력적인 불량배 국가"(2005 : 96)라는 화제의 주장을 하기 때문이다. 언어학자 촘스키(Chomsky)가 2000년에 낸『불량배 국가(Rogue States: The Rule of Foreign World Affairs)』를 인용하면서, 데리다는 미국이 이들 약소국가가 비민주적이라는 이유로 불량배 국가 혹은 "악의 축"(2005 : 40)이라는 낙인을 찍고 있으나, 미국 같은 강대국이야말로 바로 그 민주적 원칙에 역행하는 비민주적 주권 행사 때문에 가장 위선적인 불량배 국가(2005 : 96)라는 것이다. 이러한 비판적 안목을 담고 있는 데리다의 이 책은 "늑대와 어린 양"의 우화에서처럼, 약자의 주장과 이성은 무시하고, 강자의 주장과 이성만이 합리적이라고 우기는 비이성적 상황에 대한 냉소적 비판이기 때문에 화제작이다. 그래서 데리다야말로 철학적 텍스트뿐만 아니라 정치적 제도까지도 비판하는 해체적 비판의 선구자라 할 수 있다. 그의 비판은 항상 텍스트 자체의 논리에 따라 그 텍스트의 결론이 부당하다는 것을 논증하는 내재적 비판이고 해체적 비판이기 때문이다.

미국이 민주적 원칙에 역행하는 국제적 관계의 경우로 데리다는 UN 총회의 민주적 의사결정과 안전보장이사회(Security Council)의 비민주적 거부권 간의 역설적 관계를 사례로 제시한다. 안전보장이사회 혹은 안보리는 미국, 영국, 프랑스, 중국, 러시아로 구성된 상임이사국과 임기 2년의 10개 비상임이사국으로 구성되나, 전체 UN 회원국 위에 군림하는 것은 상임이사국이다. 5개 상임이사국만 핵무기를 소유한 강대국이고, 이들 상임이사국만 193개국으로 구성된 UN 총회가 민주적으로 결정한 초안에도 거부권을 행사할 수 있기 때문이다. 이는 강자의 이성만 합리적이라는 비합리적 사고가 안보리의 구조와 기능에 이미 체현된 것을 뜻하고, 그래서 이러한 비합리적 구조하에서는 UN 총회의 민주적 주권(democratic sovereignty)은 참으로 무력하고 무의미한 것이다(2005 : 98~99). 말하자면, 강자의 이성은 존중되고, 약자의 이성은 무시되는 것이다. 강자의 힘없이는 주권도 없고, 강자의 이성이 국제기구의 모든 실질적 정책을 결정하는 것이다(2005 : 100~101).

상임이사국 중 실질적 패권을 장악한 양대 강대국은 미국과 러시아이지만, 1991년 소련 붕괴 이후에는 미국이 최강자로 군림하게 되었다. 구체적으로 1993년 미국 클린턴 대통령은 UN 총회의 연설에서 미국은 불량국가들을 "가능하면 협동적으로, 필요하면 단독적으로(multilaterally when possible, but unilaterally when necessary)" 보복하고 제재를 강화하겠다고 공언했다. 당시의 UN 대사였던 올브라이트(Albright)와 국방장관인 코헨(Cohen)도 필요하면 미국 단독으로라도 불량국가를 타도하기 위해 군사적 개입을 할 준비가 되어 있다고 공언한 것이다. 그래서 "불량국가"는 실재를 반영한 표현이거나 단순한 수사법이라기보다는 "미국이 불량국가라고 규정한 나라"(2005 : 96; 104)가 곧 불량국가라는 비합리적 주장을 냉소적으로 비판하기 위해 데리다는 이 책 서문에서 "늑대와 어린 양"의 우화를 인용한 것이다. 결국, 초강대국이 주권이라는 명분하에 약소국을 무시하고 그 위에 군림한다면, 이러한 헤게모니는 미국의 주권 개념을 표방하나, 주권 개념을 결정적으로 훼손한다(Leitch, 2007 : 233). 초강대국의 군림으로 193개국에 가까운 UN 회원국들 모두가 충분한 주권(sovereignty) 국가로 자부할 수 없는 상황이 되기 때문이다.

미국이 민주적 원칙에 역행하는 국내적 모순으로 데리다는 빈 라덴(bin Laden)이 조직한 이슬람 테러집단인 알카에다(al-Qaeda)에 의한 2001년 9 · 11 테러사건을 그 사례로 제시하면서 이 사건을 미국의 자기면역(autoimmunity) 현상으로 해석한다. 데리다는 민주주의가 자기파괴적 요소인 자기면역의 논리에 지배되는 경우가 많다고 본다. 민주주의가 자기면역의 논리에 지배되는 경우가 많다는 것은 민주주의가 그 자신의 논리에 따라 내부적으로 위협을 받기 쉽다는 것을 뜻한다. 면역(immunity) 반응은 원래 외부에서 들어온 세균이나 병균을 파괴하여 자신을 보호하는 작용을 뜻한다. 그러나 자기면역은 면역세포가 외부에서 들어온 물질이 아니라, 자신의 기관이나 조직을 공격하여 여러 가지 질병을 일으키는 작용이고, 그래서 자기를 파괴하는 자살과도 같은 기이한 현상이다. 의학에서는 이를 "자가면역"이라고 번역하나, 데리다는 이를 "자기파괴" 혹은 자기해체와 같은 메커니즘으로 설명하기 때문에(2003 : 94; 2005 : 90), 여기서는 데리다의 관점을 따라 자가면역 대신에 자기면역이라는 표현을 사용하기로 한다. 어떻든 자기면역 개념은 민주주의와 주권 및 테러리즘에 관련된 일련의 정치적 상황의 특성을 적절히 상징화한 냉소적 은유라는 점에서 설득력이 있다. 자기면역의 구체적 사례는 데리다가『테러시대의 철학』(2003)에 실린 논문인「자기면역 : 실재적 및 상징적 자살(Auto-immunity : Real and Symbolic Suicides)」과『불량배들 : 이성에 관한 두 편의 에세이』(2005)에서 본격적으로 다루고 있다.

사우디아라비아 출신인 빈 라덴은 1970년대 말 소련의 아프가니스탄 침략에 대항하기 위해 알카에다를 조직했다. 당시 미국은 소련의 중동 장악을 미연에 방지하기 위해 빈 라덴과 알카에다를 지원했다. 당시 미국은 이들을 자유의 투사(freedom fighters)로 예찬하였다. 그러나 걸프전쟁 이후에 이들은 미국에 적대적인 세력으로 돌변했고, 미국이 준 무기로 미국을 공격하기 시작한 것이다. 이제 미국은 이들을 자유의 투사가 아니라 테러리스트(terrorists)로 비난하기 시작한 것이다(2003 : 104). 선행과 악행은 행위의 본질을 지칭하는 것이 아니라, 그 행위를 보는 관점이 구성한 것이다. 전자의 관점은 적의 적이라는 관점이고, 후자의 경우는 같은 행위도 우리의 적이라는 관점으로 보았기 때문이다. 따라서 강자의 이성도 합리적이라기보다는 이기적인 것이다. 데리다도 물론 빈 라덴 일당의 테러리즘에 대해서는 아주 비판적이다. 데리다는 2001년의 9/11 사태와 빈 라덴의 태도에서 수용할 수 없는 것은 종교적 환상에 도취되어 반인륜적 만행을 자행한 잔인성도 비판하지만, 그러한 복수 행위의 반복만으로는 문명의 미래가 암담하다고 비판한다(2003 : 113). 어떻든, 데리다가 보기에는 9 · 11 테러사건도 미국이 유학생으로 수용하여 교육시키고 훈련시킨 사람들이 미국을 공격한 사건이기 때문에 전형적인 자기면역 반응이라는 것이다(2003 : 95).

합리성과 모더니티의 역설에 대한 베버의 사회학적 성찰

Max
Weber

경쟁이 극심한 현대사회는 목표 달성의 효율성을 위해

관료제적 조직화나 합리화를 추구하나, 이러한 조직화가 새로운

사회 통제의 수단으로 악용되어 우리 삶의 자유와 의미를 박탈한다.

베버는 경제, 정치, 이념, 종교를 가릴 것 없이 우리가 만든 것이

우리 위에 군림하여 우리를 억압하는 역설을 소외라고 본다.

1
마르크스와 베버

베버(Max Weber : 1864~1920)는 마르크스, 뒤르켐과 함께 사회학 이론의 발전에 기여한 선구적 사상가로 널리 인정받고 있다. 독일의 에어푸르트에서 태어났으나 다섯 살 때 베를린으로 이주하여 거기서 어린 시절을 보냈다. 베버의 가정은 상류계급에 속하는 개신교 가정이었다. 아버지는 에어푸르트 지방의 시의원에서 프러시아 하원의원을 거쳐 독일의 회의 의원을 역임하였다. 그는 자신의 정치적 지위를 위협할 만한 활동에는 개입하기를 거부한 친체제적 인물이었고, 현세적 삶을 만끽하는 쾌락주의적 성격의 소유자였다. 베버의 어머니는 아버지와 아주 대조적인 성격의 소유자였다. 어머니는 철저한 개신교의 종교윤리를 실천하면서 금욕적 생활을 몸소 실천하였기 때문에, 아버지와 어머니 사이에는 항상 의견 차이와 긴장이 있었다고 한다. 베버는 이처럼 대조적 성격의 부모 사이에서 오는 가치 선택의 끊임없는 딜레마에 시달렸고, 이러한 체험은 그의 학문적 및 정신적 삶에 뚜렷한 영향을 미쳤다.

하이델베르크대학에 입학할 때는 아버지의 뜻에 따라 법학과에 입학했으나, 그는 법학 외에도 경제사, 중세사, 철학, 신학 등 광범위한 분야의 공부를 병행하였다. 군복무를 마친 후 베를린대학에서 법률학, 역사, 경제학을 연구했고, 1889년에 중세 경제사에 관한 논문으로 박사학위를 받았다. 그는 베를린에서 어머니의 생활태도를 본받아 철저한 금욕생활과 학문 연구에만 몰두하였고, 이러한 노력의 성과로 1896년에는 하이델베르크대학의 교수가 되었다. 그러나 바로 다음 해에 아버지와 격렬한 논쟁을 벌였고, 그 후 한 달 만에 아버지가 사망하자 깊은 죄의식에 시달리다가 결국 정신착란으로 약 5년 동안은 파멸의 위기에 빠지게 되었다.

그러나 1904년부터 건강이 점차 회복되면서 연구 의욕을 되찾기 시작하였고, 1920년 폐렴으로 사망할 때까지 정신적 및 육체적 고통을 강인한 의지와 학구적 열정으로 극복하는 과정에서 탁월한 업적을 남길 수 있었다. 그의 대표작으로 가장 널리 알려진 책은 1905년에 출판한『개신교 윤리와 자본주의 정신』이다. 그 후속편으로 인도와 중국 등 주요 문화권의 종교와 경제 및 사회를 포괄적으로 다루는 대작을 구상하였으나 이 목표를 달성하지 못하고 1920년에 폐렴으로 사망하였다. 그러나 그가 남긴 중국의 유교, 인도의 힌두교, 고대의 유대교 등에 관한 논문들을 중심으로 1922년에『경제와 사회』가 사후작으로 출판되었다.

마르크스(Marx)와 베버(Weber)는 거의 동시대인이고 모두 독일의 사상적 계승자이며, 두 학자가 탐구의 대상으로 삼은 것도 자본주의(capitalism)와 자본주의적 생산양식의 발전과 함께 위협받는 인간의 존엄성(humanity) 문제였다. 마르크스는 이를 소외와 물신숭배라는 개념으로 설명하였고,

베버도 이를 목적합리성과 자유 상실 등의 용어로 표현하고 있으나, 양자는 모두 자본주의 경제제도의 발전에 수반된 인간소외와 문화적 병리에 대해서 공통된 우려를 표명하였다. 그러나 이와 같이 탐구 주제가 동일함에도 불구하고, 이러한 인간소외와 문화적 병리를 극복하는 방안이나 자본주의 발전의 원동력을 파악하는 관점에 있어서는 마르크스와 베버 사이에 상당한 차이가 있다(Lowith, 1982).

첫째로, 마르크스는 사회주의적 이행을 통해서 소외와 물신숭배를 극복할 수 있다고 확신했으나, 베버는 사회주의 혁명이 일어나면 자본주의 사회보다 더욱 중앙집권화된 거대한 관료기구가 출현하여 자유 상실과 인간소외가 더욱 심화되기 때문에 사회주의 혁명은 바람직하지 않다고 보았다. 마르크스가 일관되게 확신에 찬 문체로 낙관적 역사철학을 견지한 것과 대조적으로, 베버는 역사발전에 대하여 매우 회의적이고 비관적 색조로 일관한다.

둘째로, 마르크스는 인간의 창조적 의지와 능력에 기인된 생산력 발전이 일정 단계에 이르면, 이에 상응하는 생산관계가 나타나게 되는 변증법적 원리에 따라 출현한 자본주의적 생산양식의 내적 모순이 누적되어 사회주의적 생산양식으로 이행될 수밖에 없는 역사발전의 법칙성을 탐구하는 데 치중하였으나, 베버는 자본주의 발전의 원동력을 이성을 존중하는 근대적 합리성에 있다고 보면서도, 이러한 합리적 사고방식의 기원을 개신교도들의 종교적 생활윤리가 문화적 가치로 세속화되는 과정에서 찾는다. 마르크스는 경제적 역동의 분석에 치중하였으나, 베버는 문화적 가치의 변화에 주목한 것이다.

2
의미적합성과 인과적합성

베버는 개신교도의 생활윤리든 자본주의 정신이든 혹은 소외 현상이든 인간의 모든 사회적 행위는 한편으로는 행위자의 주관적 의도와 무관할 수 없기 때문에, 행위자의 주관적 동기나 의도에 비추어 해석적으로 이해해야 하고, 다른 한편으로는 행위자의 사고와 행동에 영향을 미치는 객관적 요인을 인과적으로 설명하려고 한다. 베버의 방법론은 당시의 두 가지 대립된 방법론을 비판적으로 종합한다. 하나는 사회과학도 엄밀한 학문으로 발전하기 위해서는 인과적 설명을 통해 법칙을 도출하는 자연과학적 방법을 준수해야 한다는 콩트와 뒤르켐 등의 실증주의였고, 다른 하나는 자연과학과 인문과학은 연구 대상이 다르기 때문에 방법도 달라야 한다고 주장한 딜타이 등의 해석학이었다. 요컨대, 베버의 방법론은 주관적 현상을 객관적으로 파악하기 위해, 해석학과 실증주의, 해석적 이해와 인과적 설명의 논리를 비판적으로 종합한 것이고, 의미적합성과 인과적합성을 동시에 만족시키는 설명적 이해의 방법론이다(Weber, 1976 : 2).

제8장 합리성과 모더니티의 역설에 대한 베버의 사회학적 성찰

딜타이(Dilthey)에 따르면, 자연현상은 인과적으로 설명하고 문화현상 혹은 정신현상은 해석적으로 이해해야 한다는 것이다. 인간의 정신적 삶은 실증주의의 기계적 인과론으로 포착할 수 없는 내면적 주관성이 있고, 칸트나 헤겔의 관념론적 형이상학으로 개념화할 수 없는 체험적 구체성이 있기 때문이다. 그래서 일찍이 칸트가 자연현상에 관한 지식의 가능 근거를 탐구한 것처럼, 딜타이는 정신현상에 관한 지식의 가능 근거를 밝히려 하였다. 그래서 그는 타인의 정신세계를 해석적으로 이해하려고 하면 우선 감정이입이 필요하다고 본다. 감정이입(empathy)은 동정(sympathy)과 달리, 타인이 처한 상황에 나를 전치하여 타인의 입장에서 추체험하는 과정이다.

그러나 개인의 내면적 삶을 감정이입에 의하여 이해하는 것만으로는 인간의 사회적 행동을 만족스럽게 설명할 수 없다. 그 이유는 인간의 표현은 부분적으로는 그가 속한 사회가 공유하는 문화의 표현이기도 하기 때문에, 문화적 현상의 의미는 그 현상을 문화적 총체성과의 관련 하에서 비로소 합리적으로 파악할 수 있기 때문이다(Benton, 1977 : 106). 결국 어떤 개별적 현상은 전체성의 맥락에 비추어 해석해야 하고, 전체성은 개별적 현상들이 갖는 공동의 지평을 객관화하여 포착해야 한다. 다시 말해서 전체와 부분을 해석학적 순환법에 따라 동시에 고려할 때, 비로소 주관적 삶의 세계를 객관적으로 파악하는 해석학적 이해가 가능하다는 것이 딜타이가 강조하는 문화과학의 특징이다.

실증주의에 대한 반동으로, 이와 같이 자연과학과 문화과학을 범주적으로 구분하려는 사조가 당시 독일 학계를 풍미하고 있었고, 이른바 신

칸트주의도 그중의 하나였다. 칸트는 세계를 경험할 수 있고 인식할 수 있는 현상의 세계(phenomenal world)와, 실재하지만 경험할 수 없고 그래서 이론적 인식이 불가능한 본체계(noumenal world) 혹은 물자체의 세계로 구분하였다. 신칸트주의는 실증주의에 대한 반동으로 칸트의 철학적 정신을 계승하면서도, 물자체계를 인간정신의 구성물로 파악함으로써 사회과학의 인간주의적 사조에 이론적 근거를 제공한다.

그중에서도 하이델베르크의 신칸트학파를 주도한 빈델반트(Windelband)와 리케르트(Rickert)는 딜타이처럼 자연과학과 문화과학을 구별해야 된다고 보았다. 그러나 빈델반트와 리케르트는 자연과학과 문화과학이 다른 점은, 딜타이가 생각한 것처럼 연구 대상의 차이 때문이 아니라, 연구의 방법과 논리의 차이에 있다고 본 것이다. 빈델반트와 리케르트에 따르면, 자연과학은 일반적 법칙을 지향하는 법칙 정립적 방법(nomothetic method)을 중요시하고, 문화과학은 보편법칙을 정립하기보다는 오히려 개별현상의 특이성을 드러내는 개별 기술적 방법(idiographic method)에 의존한다.

베버는 이렇게 대립된 두 방법론을 비판적으로 종합하려고 한다. 그 이유는 한편으로 인간의 사회적 행위는 행위자의 주관적 의도나 동기와 깊이 관련되기 때문에, 행위자의 주관적 동기나 의도에 비추어 해석학적으로 이해해야 하고, 다른 한편으로는 인간은 그가 소속된 조직이나 집단의 규범에 동조할 개연성도 있기 때문에, 자의적 주관을 초월한 객관적 요인에 부합되도록 인과적으로 설명되어야 하기 때문이다. 요컨대, 베버의 방법론은 주관적 현상을 객관적으로 파악하기 위해, 해석학과 실증주의, 해석적 이해와 인과적 설명의 논리를 비판적으로 종합한 것이고, 의미적합성과 인과적합성을 동시에 만족시키는 설명적 이해의 방법론이다(Weber, 1976 : 2).

사회적 현상을 연구할 때, 뒤르켐은 개인의 심리적 요인을 철저히 배제하고, 선행하는 다른 사회적 현상에서 원인을 찾아 인과 추론을 한다. 사회적 현상도 하나의 객관적 사실과 다를 바 없기 때문에, 사회 연구에 있어서도 구성원 개인의 주관적 의미세계를 배제하고 '사회적 사실 그 자체'를 탐구해야 한다는 것이다. 그러나 베버는 사회적 행위에 부여하는 개인의 주관적 의미도 중요시한다. 그래서 뒤르켐이 사회적 사실의 실재성을 강조하는 실재론(social realism)에 입각하여 자연과학의 실증적이고 인과적 방법을 사회 연구에 도입하나, 베버는 인과적 설명의 강점을 계승하면서도, 행위자 개인이 부여하는 주관적 의미에 대한 해석적 이해도 중요시한다. 따라서 베버의 이러한 연구접근을 방법론적 개인주의(methodological individualism)라고 하는 것이다.

일반적으로 베버의 사회학을 이해사회학이라고 하나, 그가 이해라고 하는 것은 의미적합성(meaning relevance)과 인과적합성(causal relevance)을 동시에 만족시키는 특수한 이해이며, 이는 곧 주관적 이해와 객관적 설명의 논리를 비판적으로 종합하는 설명적 이해라고 보아야 한다. 주관적 측면과 객관적 측면을 동시에 고려하기 위해서 베버는 인간의 사회적 행위를 우선 행위자의 인성체계에 내면화된 조직이나 집단 혹은 사회의 문화적 규범에 의하여 동기 부여된 행위로 상정하고, 이러한 행위가 나타날 수 있는 개연성을 분석할 수 있는 이념형을 구성한다.

이념형(ideal type)은 어떤 사회 문화적 현상의 가장 특징적인 속성들을 추상하여 만든 가설적 구성 개념이다. 구체적 현상에 대한 경험적 관찰을 토대로 해서, 그 현상들의 본질적 속성을 추상하여 이를 근거로 이념형을 구성한다. 그러나 이렇게 구성된 이념형은 그 어떤 현상형태와도 완벽하게 일치하지는 않는다. 그럼에도 불구하고 이념형은 현실적인 사회제도를 분석하거나 비교할 때, 그리고 이를 설명적으로 이해하는 데 유익한 방법적 도구로 활용될 수 있다. 실제로 베버는 이러한 절차에 따라서 개신교 윤리, 자본주의 정신, 관료주의 등 여러 가지 이념형을 구성하였다.

3

종교와 사회경제적 삶

『개신교 윤리와 자본주의 정신』(1976)은 베버의 가장 널리 알려진 대표작이다. 이 책의 영문판에 붙인 기든스(Anthony Giddens)의 서론은 본문의 내용을 간결하면서도 체계적으로 요약한 것이기 때문에 유익한 길잡이의 역할을 한다고 본다. 『개신교 윤리와 자본주의 정신』의 골자는 근대 서구 및 미국의 자본주의 출현을 가능하게 한 정신적 특징과 개신교의 종교적 생활윤리 사이에는 긴밀한 관계가 있다는 것이다. 베버에 따르면, 일반적으로 이윤 극대화의 동기를 자본주의 정신이라고 보는 경향이 있으나, 이러한 동기는 고대의 이집트, 바빌로니아, 중국, 인도, 그리고 중세의 유럽에도 있었기 때문에 근대 자본주의의 특징적 정신은 아니라는 것이다.

베버는 18세기 말 미국의 정치가요 칼뱅교도인 프랭클린(Benjamin Franklin)의 자서전에서 근대 자본주의 정신의 이념형을 발견한다. 자연을 정복하려는 강인한 의지를 가지고 합리적이면서도 체계적인 계획을 수립하여 개미처럼 부지런히 일하면서 철저한 금욕생활로 일관하고, 축적된 부를 산업자본의 순환 과정에 재투자하여 끊임없이 부를 증식하는 근면, 저축, 금욕의 삶을 신의 소명으로 여기는 개신교의 종교적 생활윤리 그 자체가 자본주의 정신이요 자본주의 정신의 순수 본질이라는 것이다(Weber, 1976 : 52~54; 170~172). 바로 이러한 개신교의 종교적 생활윤리와 긴밀히 관련된 자본주의 정신의 출현이 자본주의 제도의 출현에 선행했다는 것이다. 베버는 개신교의 종교적 이념 중에서도 특히 루터의 소명 개념과 칼뱅의 예정설의 중요성에 주목한다.

루터(Martin Luther)는 현실적 삶을 초월한 수도원 생활이 보다 높은 수준의 신앙이라고 여기던 중세 가톨릭의 관행을 잘못된 것이라고 비판하고, 맡은 바 현세적 직분을 신의 소명으로 알아야 한다고 주장하였다(Weber, 1976 : 80). 예컨대, 교사가 수업과 지도를 게을리하면서, 밤낮 교회에 나가 기도만 하는 것은 참된 신앙이 아니라는 것이다. 학생은 공부를, 교수는 수업과 연구를, 기업가는 창의적이고 효율적인 기업 운영을, 의사는 환자 치료를, 판사는 정의로운 심판 그 자체를 신앙의 제단으로 알아야 한다는 것이 루터의 소명 개념이다. 따라서 소명(召命) 개념은 현세적 직분에 종교적 의의를 부여하면서도, 부의 증식을 위한 혁신적 활동을 특별히 강조하지는 않았다. 루터가 처음으로 도입한 이러한 소명 개념은 칼뱅파 청교도들에 의하여 더욱 엄격한 교리로 정식화되었고, 그 중에서도 대표적인 것이 이른바 예정설이다.

칼뱅(Jean Calvin)의 예정설에 따르면, 우리가 사망한 후 대부분은 지옥의 영원한 저주를 받게 되나, 극소수의 선택된 사람들은 신의 은총으로 영원한 삶을 누리도록 초월적인 신의 섭리에 의하여 미리 예정되어 있다는 것이다. 그러나 우리는 택함을 받은 백성의 범주에 들어가는 사람이 누구이며, 선택의 기준이 무엇인지도 알 수 없을 뿐만 아니라, 현세적 삶의 성실성 여부와 관계없이 미래의 우리 운명이 이미 결정되어 있다는 것이 예정설이기 때문에, 보기에 따라서 예정(predestination)설은 매우 결정론적이고 숙명론적인 교리라 하지 않을 수 없다.

그러나 프랭클린을 비롯한 칼뱅주의 지도자들은 이처럼 숙명론적 교리를 긍정적이고 현세 지향적 교리로 재해석하였다. 비록 우리가 택함의 구체적 기준은 알 수 없으나, 그럼에도 불구하고 신은 우리에게 하나의 암시를 제시했다는 것이다. 말하자면, "신은 스스로 돕는 자를 돕는다"(Weber, 1976 : 115)는 것이다. 다시 말해서 현세적 직분을 신의 소명으로 여기고, 합리적 계획하에 근면, 저축, 금욕을 통해서 끊임없이 부를 축적함으로써 경제적으로 성공한 사람이 곧 택함을 받은 백성의 범주에 들 수 있다는 것이다. 베버는 이와 같이 재해석된 예정설이 신도들에게 강박감에 가까운 철저한 금욕생활과 근로정신을 촉구한 심리적 효과를 발휘하게 되었다고 본다.

이와 같이 베버는 여러 종교들 중에서도 특히 개신교의 생활윤리와 자본주의 정신 사이에 긴밀한 관계가 있다고 본다. 현세적 직분에 최선을 다하는 것이 참된 신앙이라는 개신교의 교리는 현세를 초월한 수도원 생활을 종교적 이상으로 여겨 온 가톨릭의 관점과 대조적이다. 인도의 힌두교도 금욕생활을 강조하기는 하나 속세와 절연된 은둔 생활을 강조하였고, 중국의 유교는 현세적 생활윤리이기는 하나, 자연과의 조화를 강조할 뿐 자연을 정복하려는 강인한 의지를 불러일으키지 못했다. 인도와 중국에 각기 힌두교와 유교가 본격적으로 확산되었을 때, 비록 이들 지역에 상업과 제조업이 융성하고 화폐제도와 법률제도가 발전되었음에도 불구하고 자본주의가 발전할 수 없었던 것은 힌두교나 유교의 생활윤리와 깊이 관련되어 있다는 것이다.

이와 같이 현세적 성공을 신의 소명으로 알고 합리적 계획하에 부지런히 일하여 부를 축적하고 철저한 금욕생활로 일관하면서 축적된 부를 산업자본의 순환 과정에 재투자함으로써 끊임없이 부를 축적해가는 독특한 사회적 행위의 주관적 동기는, 이윤을 극대화하려는 경제적 동기가 아니라, 신의 소명에 부응하려는 종교적 동기에서 비롯된 것이나, 결과적으로는 자본주의 출현의 원동력이 된 것이다. 그래서 베버는 현세적 금욕주의를 강조하는 개신교의 종교적 생활윤리와 자본주의 정신 사이에 긴밀한 관계가 있다고 본 것이다.

그러나 자본주의의 기원과 관련된 베버의 설명은 여기서 한 단계 더 나아간다. 지금까지의 논의에서 드러난 것처럼, 구원에 이르는 기존의 신비적 방법과 교회의 전통적 의식들은 이제 개신교도들에게 무의미한 것이다. 교회에 나가서 열심히 기도하고 찬송이나 부른다고 해서 구원이 보장되는 것이 아니라, 오히려 루터의 소명 개념과 칼뱅의 예정설이 주는 교훈은 합리적 계획과 성실한 노력을 통해서 현세적 직분에 성공하는 것이 구원에 이르는 지름길임을 강조하기 때문이다. 신앙의 본질을 보는 관점이 이처럼 근본적으로 달라지게 된 것을 베버는 종교의 세속화 혹은 합리화 추세라고 본다.

제8장 합리성과 모더니티의 역설에 대한 베버의 사회학적 성찰

앞에서 본 것처럼, 베버는 사회변동에 관한 마르크스의 관점을 비판적으로 극복했다고 볼 수 있다. 마르크스는 경제적 생산양식의 내부적 모순이 사회변동의 원동력이라고 보나, 베버는 문화가 사회변동의 주된 요인이라고 본다. 베버에 따르면, 종교가 바로 사회변동의 원인이 되는 것이 아니라, 개신교의 독특한 종교적 생활윤리와 깊이 관련된 문화적 가치, 말하자면 합리적 사고방식 같은 것을 행위자가 내면화하여 이를 경제적 및 사회적 행위로 표출할 때 사회변동이 촉진된다는 것이다. 이와 같이 베버는 합리화적으로 재해석된 종교와 사회경제적 생활 간의 긴밀한 관계를 강조한다.

4
합리성과 모더니티

신의 섭리를 중심으로 하던 중세사회에서 인간 이성을 중심으로 하는 근대사회로의 이행을 근대화라고 한다. 중세가 은총의 시대라고 하면, 근세는 이성의 시대이며, 따라서 이성의 원칙에 부합되는 합리성을 존중하는 시대라 할 수 있다. 다시 말해서 이성과 합리성을 존중하는 것이 근대의 시대적 특징이며, 일반적으로 우리는 근대의 시대적 특징(the charac-teristics of modern age)을 간단히 줄여서 근대성 혹은 모더니티라 한다. 요컨대, 이성의 원칙과 합리성이 근대의 시대적 특징이고 모더니티의 요체라 할 수 있다. 모더니티(modernity)를 근대성이라고 옮기는 사람도 있고, 현대성이라고 번역하는 경우가 있기 때문에, 이러한 혼란을 피하기 위해 일반적으로 모더니티라는 용어를 사용한다.

철학적으로 모더니티는 사유하는 자아의 주체성을 제일원리로 삼은 데카르트의 이성중심주의 철학에서 시작된다고 보나, 사회사적 관점의 모더니티는 이성의 힘과 중요성이 시민사회 저변으로 폭넓게 확산되어

산업혁명과 시민혁명 그리고 문화 전반에 변화의 기운이 뚜렷하게 나타나기 시작한 18세기 말엽 이후, 그러니까 프랑스혁명 이후에 본격화되었다고 볼 수 있다. 다시 말해서, 철학사적 관점의 모더니티가 데카르트 이후라고 하면, 베버가 주요 분석 대상으로 삼은 사회사적 관점의 모더니티는 프랑스혁명 이후의 시대사조를 뜻한다.

계몽주의적 이상(Enlightenment ideal)에 의하여 집약적으로 표현된 것처럼, 이성의 시대로 일컫는 18세기부터 새로운 시대사조가 싹트고 있었다. 첫째, 모든 인간이 이성의 능력을 구비하고 있다는 보편적 이성에 대한 자각이 싹트게 되었다. 둘째, 이성적 능력을 구비한 인간을 주체로 자리매김 하면서, 자연을 더 이상 신비로운 영역이 아니라 지배하고 정복할 수 있는 기계적 대상으로 파악하기 시작하였다. 셋째, 합리적 주체의 이성적 능력을 올바르게 구사함으로써 역사의 무궁한 발전을 이룩할 수 있다는 해방과 진보의 역사관이 확립된 것이다.

보편적 이성(reason)과 합리적 주체(subject) 및 역사의 진보(progress)를 그 핵심 이념으로 표방하는 이른바 계몽주의적 사조가 모더니티의 특징이다. 이성과 주체 및 진보의 모더니티는 경제적으로는 산업혁명의 꽃을 피워 산업자본주의 경제제도를 출현시키고, 정치적으로는 시민혁명을 거쳐 주권재민의 국가권력을 탄생시켰을 뿐만 아니라, 철학적으로는 칸트에서 헤겔에 이르는 이성중심주의 철학으로 표현되었다. 베버는 이러한 모더니티의 진원지가 종교적 생활윤리의 문화적 합리화에 있다고 보았고, 이성과 주체 및 진보의 모더니티가 갖는 양면적 특성을 심각하게 우려한 최초의 사회학자였다.

앞에서 본 것처럼, 맡은 바 역할에 최선을 다하여 현세적 성공을 성취하라는 신의 소명에 부응함으로써 구원을 받으려는 종교적 동기가 합리성을 숭상하는 문화적 가치로 내면화되어 결과적으로 자본주의 발전을 가능하게 했다는 것이 베버의 관점이다. 종교의 이러한 세속화를 통해서, 합리성을 숭상하는 개신교도들의 문화적 가치가 서구 자본주의의 출현을 가능하게 한 원동력이었고, 바로 이러한 합리성이 사회적 삶의 모든 영역으로 확산되는 것이 근대화라 할 수 있다. 이와 같이 문화를 사회변동의 저변에 흐르는 어떤 고유한 가치 영역으로 규정하기 때문에, 일반적으로 베버의 사회학을 문화사회학이라고 한다.

종교적 교리를 문화적 가치로 재해석하게 된 이러한 세속화(secularization)와 함께, 18세기 말부터 문화적 가치영역들이 각기 그 고유의 독자적 논리에 따라 자율적인 영역으로 분화 발전하기 시작하였다. 자연의 세계를 탐구하는 과학과 기술 영역은 객관성을 중요시하고, 사회적 세계를 다루는 법과 도덕의 영역은 상호주관성을 추구하고, 내면세계에 관한 예술과 문학의 영역에서는 주관성이 존중되기 시작하였다. 종교적 교리의 획일적 지배에서 벗어나, 과학과 기술 영역에서는 진리성(truthfulness), 법과 도덕 영역에서는 정당성(rightness), 예술과 문학 영역에서는 심미적 표현의 진실성(sincerity)을 각기 타당성 판단의 준거로 삼게 된 것이다.

갈등의 초점이 된 어떤 과학적 명제는 실험결과 그 진위가 판명될 수 있기 때문에, 과학과 기술 영역에서는 진리성에 입각하여 명제의 타당성을 주장할 수 있으나, 법과 도덕 영역의 명제는 기존의 관행에 비추어 정당화될 수 있느냐 그렇지 않느냐에 따라 그 타당성을 판단할 수밖에 없기 때문에, 영역에 따라서 타당성을 주장하고 판단하는 준거가 다르다. 도덕적으로 선량한 사람이 과학적 능력에서도 필연적으로 탁월하다고 확신할 수 없는 것처럼, 각 영역은 달라도 너무나 다르기에 서로 공약불가능하고, 그래서 각 영역의 이성이 갖는 고유성과 차이 및 이질성을 있는 그대로 존중해야 한다는 것이다.

이와 같이 18세기 이후 과학과 기술, 법과 도덕, 그리고 문학과 예술 등 문화적 가치 영역들이 각기 명제적 진리성, 규범적 정당성, 표현의 진실성, 다시 말해서 인지적 이성, 규범적 이성, 심미적 이성을 그 영역 고유의 타당성 주장과 각 영역에 고유한 이성으로 존중하는 자율적 영역으로 분화되어 발전하는 시대 추세를 베버는 문화적 합리화라고 한다 (Habermas, 1984 : 163). 요컨대, 문화적 합리화는, 신 중심의 획일적 가치관을 극복하고, 문화적 가치영역들이 각기 독자적이고 자율적인 영역으로 분화 발전하는 경향을 뜻한다.

그러나 과학과 기술 영역의 발전이 일정 단계에 이르러, 산업자본주의가 경제적 활동의 지배적 형태로 확립되는 단계가 되면, 자본주의 경제제도와 그 역동은 이제 그 자체의 추진력을 획득하게 되어, 출현 당시에 필요했던 금욕적 종교윤리 같은 것이 불필요하게 된다. 초기 자본주의 시대의 개신교도들은 합리적인 경제활동을 신의 소명으로 알았으나, 베버가 『개신교 윤리와 자본주의 정신』을 쓰던 20세기 초엽의 독점자본주의는 이미 비인격적인 자본의 운동법칙에 의하여 지배되었다.

자본주의 경제제도가 본격화됨에 따라서 그 안정화에 필요한 관료주의적 국가기구가 출현하게 된다. 베버에 따르면, 자본주의 경제와 관료주의적 국가기구의 조직원리가 기업가나 관료, 노동자나 말단 공무원을 가릴 것 없이 모든 구성원들이 목적 합리적으로 행동하지 않을 수 없도록 제도화되는 것이 특징이다. 이와 같이 근대 이후 기업체나 국가기구의 조직형태 속에 목적합리성의 추구가 제도화되는 경향을 베버는 사회적 합리화라고 한다.

여기서 목적합리성(purposive rationality)이라고 하는 것은 설정된 목적을 달성하는 데 이용할 수 있는 여러 가지 대안적 수단 중에서 가장 능률적인 수단을 선택하려고 하는 타산적 이성을 뜻한다. 이윤을 추구하는 종래의 방법이 왕권과 결탁하거나 투기 등의 방법에 의존했다면, 자본주의 사회의 기업활동은 과학적 지식을 최대한 활용하고, 노동력을 효율적으로 조직하며, 투자결정에 앞서 상품과 자본 및 노동시장의 여건을 검토하고, 투자와 이윤을 화폐단위로 철저히 계산하는 목적합리성에 의존해야 한다는 것이다. 요컨대, 목적합리성은 계산가능성과 통제가능성 및 예측가능성을 포함하는 사고방식이다.

5
모더니티의 역설

앞에서 본 것처럼, 근대화의 특징인 합리화는 원래 문화적 가치영역들이 그 영역 고유의 논리에 따라 자율적으로 분화 발전하는 경향이었다. 그러나 자본주의의 발전과 함께 과학과 테크놀로지에 체현된 목적합리성이 다른 영역에 침투하여, 모든 것을 이성의 원칙에 입각하여 정확하게 계산하고 예측하고 통제하여, 설정된 목적 달성의 능률성을 극대화하려는 목적합리성이 모더니티의 지배적 추세로 정착된 것이 엄연한 현실이다. 베버는 이러한 목적합리성이 제도화된 것을 관료주의(bureaucracy)라고 한다. 따라서 관료제적 조직화는 목적 달성의 능률성을 극대화하기 위한 조직원리라 할 수 있고, 현대사회의 모든 영역에 확산된 관료제적 조직화의 특징은 다음과 같다.

첫째, 관료조직은 미리 규정된 정관이나 규칙에 입각하여 일관성 있게 운영한다. 둘째로, 역할을 체계적으로 분화하고 역할 한계를 명백하게 하고 역할 수행에 필요한 권한과 책임을 명확히 한다. 셋째, 분화된 역할을 위계적으로 조직하고 의사결정이나 정보의 흐름이 수직적으로 하달되게 한다. 넷째, 조직구성원들의 전문성 훈련을 제도화한다. 끝으로, 모든 행정명령이나 의사결정을 문서화함으로써 역할 담당자의 자의적 주관이 개입되지 않도록 제도화한다. 요컨대, 규칙의 일관성, 역할의 분화와 한계, 위계적 조직 구성, 지속적 전문성 훈련, 그리고 객관적 문서화를 통해서 조직 운영에 개인의 자의적 주관이 개입되지 못하도록 하는 이른바 비인격적 운영(impersonal rule)이 관료주의의 이념형이라는 것이다. 이러한 관료제적 조직 운영은 목적 달성의 능률성을 극대화할 수 있기 때문에, 경제, 정치, 종교, 교육, 언론 등 현대사회의 모든 제도 영역에 폭넓게 확산되어 있다.

그러나 베버에 따르면, 관료주의는 개인의 창의성을 말살하고, 사회구성원들의 주관적 의미세계를 황폐화시키며, 진정한 의사소통의 회로를 차단하고 그래서 민주적 가치에 역행할 뿐만 아니라, 현대사회의 모든 영역에 폭넓게 확산된 관료제적 조직을 통해 행사되는 권력이 새로운 사회통제의 수단으로 악용된다는 것이다. 요컨대, 관료제적 조직화가 목적 달성의 능률성을 높이기 위해 필요하긴 하나, 사회통제의 수단으로 악용되기 때문에 관료제적 조직화는 현대사회의 필요악이라고 본다. 요컨대, 현대사회가 능률성을 높이기 위해 불가피하게 합리화 추세, 관료제적 조직화의 추세로 치닫고 있으나, 현대인은 자신이 만든 관료조직의 톱니바퀴 속에 구속되어 자유를 상실하고 그래서 의미를 상실하게 된 것이다. 베버에 따르면, 이는 인간이 만든 제도가 인간 위에 군림하여 인간을 억압하게 된 문명의 역설이고, 기술적 효율성의 관점에서 추구한 합리화가 인간적 존엄성의 관점에서는 비합리적 결과를 수반할 수밖에 없는 모더니티의 역설이라는 것이다. 그래서 베버의 목적합리성은 루카치의 사물화, 마르크스의 상품의 물신숭배와 같은 개념이다.

앞에서 우리는 보편적 이성과 합리적 주체 및 역사의 진보를 핵심적 이념으로 하는 계몽주의적 이상을 모더니티의 기획이라고 했다. 계몽주의적 이성의 힘이 경제적으로는 산업혁명을 통해서 산업자본주의 경제제도를 출현시키고, 정치적으로는 시민혁명을 거쳐 주권재민의 근대적 국가를 탄생시켰을 뿐만 아니라, 문화적으로도 합리성의 다양화를 구현함으로써, 전통적 미신과 편견을 극복하고, 중세적 교회의 독단과 봉건제도의 억압으로부터 인류를 해방시키고 자유의 영역을 확장시킬 수 있었다. 그러나 자본주의 경제제도가 발전함에 따라 다양한 차원의 합리성 중에서도 오직 목적합리성이 시장경제와 관료행정을 비롯한 사회적 삶의 모든 영역을 지배하는 관료제적 조직으로 제도화되고, 관료조직을 통해 은밀하게 행사되는 행정적 권력이 새로운 사회통제 수단으로 악용됨으로써 현대인은 관료주의와 합리화의 철창 속에 속박되어 인간적 삶의 의미를 상실하고 자유를 상실하게 되었다. 여기서 우리는 자유와 해방을 추구한 계몽주의적 합리화가 새로운 차원의 속박과 억압을 수반하게 된 모더니티의 역설을 본다.

다시 말해서 모더니티의 역설 혹은 합리화의 역설이라고 하는 것은 이성의 능력과 합리적 노력을 통해서 인류문명의 무한한 진보와 해방을 표방하던 계몽주의적 이상이 결과적으로는 능률성만을 추구하는 도구적 합리성으로 전락하여 자유 상실과 의미 상실이라는 역설적 결과를 초래하게 되었다는 것이다. 사회적 합리화의 논의에서 나타난 것처럼, 베버는 모더니티를 설정된 목적 달성의 능률성만을 추구하는 목적합리성으로 규정하면서도, 이러한 사고방식이 사회적 삶의 모든 영역에 확산될 때 파생되는 병리적 현상을 경고하고 있다(Lowith, 1982 : 41).

모더니티의 역설이나 합리성의 역설을 극복하기 위해서는 우리가 추구하는 목적이 자신의 자아실현과 자유나 평등 같은 사회적 정의의 실현에 이바지할 수 있는가라는 보다 근본적 차원에서 비판적으로 성찰하는 가치합리성(value rationality)도 존중해야 한다는 것이 베버의 관점이다. 베버에 따르면, 서구의 합리화는 가치합리화가 아니라 목적합리화이며, 실체적 합리화가 아니라 형식적 합리화였고, 경제제도나 행정제도뿐만 아니라, 사회적 삶의 모든 영역으로 확산된 목적합리성이 제도화된 관료주의적 조직화 추세로 인하여, 현대인의 삶은 궁극적 의미와 가치를, 관료조직의 철창 속에 속박되어 자유를 상실했다는 것이다.

짐멜(Simmel)도『돈의 철학』에서 베버와 거의 같은 비판을 하고 있다. 짐멜은 화폐경제가 발달함에 따라 사회구성원들 간의 상호작용 형식에 중요한 변화가 나타난다고 본다. 화폐가 교환을 매개하는 순기능을 수행하기는 하나, 화폐경제가 발달되면 비등가적인 것을 등가화시키고, 양적가치가 질적 가치를 대치하며, 교환되는 재화의 생산에 투하된 노동의 질적 차이를 사상함으로써 인간적인 것을 비인간적인 것으로 전도시킬 뿐만 아니라, 타산성을 숭상하는 사고방식이 만연되어, 인간관계도 정의적 유대가 사라지고 타산적 관계로 전락한다는 것이다. 짐멜은 화폐경제의 발달과 함께 문화적 삶의 모든 영역에 사물화 및 소외 현상이 만연되어, 인간이 인간을 위해 창조한 문화가 인간적 의미를 상실하고 인간 위에 군림하게 되는 역설적 전도, 인간간의 주관적 관계가 사물간의 객관적 관계로 전도되는 현상, 인간적 주체가 사물적 객체로 전락하는 현상이 나타나는 현상을 개탄하면서, 이를 문화의 비극이라고 한다.

짐멜이 문화의 비극이라고 개탄한 것도 의미 상실 및 자유 상실을 개탄한 베버의 문명비판과 다를 바 없고, 이는 모두 목적과 수단의 비극적 전도를 비판하는 것이다(Lowith, 1982 : 48). 이와 같이 베버는 인간이 만든 제도가 인간을 통제하고 구속하는 역설적 상황, 생산품이 생산자 위에 군림하는 합리화의 역설을 관료주의의 철창이라고 비판하면서도, 사회주의적 이행을 통해서 소외를 극복할 수 있다고 보는 마르크스주의에는 동의하지 않는다. 그 이유는 사회주의 사회는 일국의 거대한 생산수단을 국가가 획일적으로 통제하는 과정에서 가일층 심화된 중앙집권적 관료기구가 필요하기 때문에 의미 상실과 자유 상실은 더욱 심각해지기 때문이다.

합리성만을 추구하는 현대사회가 관료주의적 조직화 추세로 치닫고 있으나, 현대인은 자신이 만든 관료주의적 철창 속에 스스로를 구속하게 되었다는 것이 모더니티의 역설에 대한 베버의 비판이다. 그는 인간이 만든 제도가 인간을 통제하고 구속하는 역설적 상황, 생산품이 생산자 위에 군림하는 이 같은 합리화의 역설을 합리화의 철창 혹은 관료주의의 철창이라고 비판한다. 그럼에도 불구하고, 베버는 전면적으로 관리된 삶의 질곡에서 벗어날 수 있는 여하한 실천방안도 제시하지 못했다. 베버에 따르면, 모더니티는 합리화 과정이며, 그 과정에서 인류는 억압적인 제도의 질곡 속에 스스로를 구속하는 비합리적인 결과를 낳았을 뿐 이를 극복할 가능성은 극히 회의적이라는 것이다.

제8장 합리성과 모더니티의 역설에 대한 베버의 사회학적 성찰

도구적 관계의 확산에 대한 부버의 규범적 성찰

Martin Buber

내가 남을 인격적으로 존중하면, 남도 나를 인격적으로 존중할 것이다.

내가 남을 도구로 이용하려 하면, 남도 나를 이용하려 할 것이다.

부버는 전자를 인격적(I–Thou) 관계, 후자를 도구적(I–It) 관계라 부른다.

오늘날 서로를 존중하는 공존적 삶이 붕괴되고, 서로가 상대편을

이용하려는 도구적 관계가 만연됨으로써, 인격적 존재이어야 할 인간이

도구적 존재로 사물화되고 소외된다는 것이 부버의 문명비판이다.

1

두 가지 삶의 태도

부버(Martin Buber, 1878~1965)의 대표작은 독일어로『*Ich und Du*』(1923)이고, 영역본 제목은『*I and Thou*』(1970)이다. 우리말로『나와 너』로 번역된 이 책을 비롯하여, 그는『사람과 사람 사이』(1965),『유토피아』(1950),『신의 소멸(*the Eclipse of God*)』(1952) 등 여러 연구업적을 남겼다. 그러나 그중에서도 그의 대화의 철학을 가장 잘 반영한 책이『나와 너(*I and Thou*)』로 유명하다. 진정한 관계나 대화를 강조하는 그의 철학은 우리가 타인과 윤리적 관계를 형성하고 자연이나 사물과도 진정한 교감과 만남의 관계를 형성함으로써 궁극적으로는 신(神)에게 다가갈 수 있는 가능성을 강조하는데 그 목적이 있다. 그래서 그의 철학을 관계의 철학, 대화의 철학, 혹은 만남의 철학이라고 한다. 여기서 'Thou'는 'you'의 고어이고, 그냥 '너'가 아니라, 상대편을 도구적 가치 때문에 만나는 것이 아니라, 그 자체의 내재적 가치를 존중하면서 그 고유성 및 전인성과 만난다는 의미의 2인칭을 뜻하는 특수한 표현이다.

인간의 자아는 독립적 실체가 아니라 관계로 파악해야 한다는 것이 부버의 가장 중요한 신조라 할 수 있다. 그에게 자아는 독립적 존재가 아니라 지향하는 타자와의 관계에 따라 달라지는 관계적 개념이다. 부버가 보기에, 데카르트의 단독적 자아(solitary self) 개념 같은 것은 이론적으로는 상정할 수 있을지 모르나 적나라한 삶의 구체적 현실에서 보면 우리의 자아 개념은 오직 관계를 통해서 형성되는 관계적 자아일 뿐이다. 뿐만 아니라, 부버는 하이데거, 키르케고르, 사르트르, 니체 같은 실존주의 사상가들의 단독자 개념도 거부한다. 부버는 인간 실존은 관계를 통해서만 형성된다고 보기 때문이다. 따라서 그의 실존주의는 개별성보다는 공존을 강조하고 단독자보다는 관계를 중요시하는 독특한 실존주의 사상이다. 그래서 그는 우리가 대상세계와 관계하는 태도를 두 가지 양식으로 나타낸다. 하나는 "나와 그것(나-그것)"의 양식이고, 다른 하나는 "나와 너(나-너)"의 양식이다. 부버는 이와 같이 관계를 나타내는 말을 "기본어(basic words)"라 부른다. 그의 사상에서 기본어는 낱말이 아니고 항상 짝말(word pairs)이다(1970 : 53).

부버의 사상에 처음 접할 때는 누구나 "나-그것(I-It)"이나 "나-너(I-Thou)" 같은 기본어 개념을 이해하기 어렵다. 상식적으로 볼 때 "나", "그것", "너"는 말 같지만, "나-그것"이나 "나-너"는 말 같지 않은 말이기 때문이다. 그러나 부버는 우리의 상식과 반대로 생각한다. "나" 그 자체라는 말은 있을 수 없고, "나-그것"의 일부이거나 "나-너"의 일부일 때 비로소 "나"는 그 의미를 갖게 된다는 것이다(Buber, 1970 : 54). 다시 말해서, 우리의 자아 개념은 관계를 통해서 형성된다는 것이다. 기본어

"나-그것"은 경험의 양식을 나타내고, 기본어 "나-너"는 만남의 양식을 나타낸다. 경험의 양식을 뜻하는 "나-그것(I-It)"의 관계는 물리적 현상이든 정신적 현상이든 내가 타자 혹은 대상을 관찰, 분석, 비교, 이해하는 경험을 통해서 경험의 결과를 이용하는 도구적 관계(instrumental relation)를 뜻한다. 경험의 양식이란 달리 말해서 우리가 경험의 대상을 우리가 알 수 있고 이용할 수 있는 어떤 것으로 본다는 것이다. 이와 대조적으로 만남의 양식을 뜻하는 "나-너(I-Thou)"의 관계는 나와 타자 간에 상호존중과 호혜성이 있는 진정한 만남(authentic encounter)의 관계를 뜻한다.

"나-그것"의 관계는 주관과 객관의 관계이며 경험과 이용의 관계이고, "나-너"의 관계는 주관과 주관의 관계 혹은 상호주관적 관계이며 상호존중의 관계이다. 전자는 독백(monologue)의 관계이고, 후자는 대화(dialogue)의 관계이다. "나-그것"의 관계는 타인을 내 이기적 목적 달성의 도구나 수단처럼 이용하는 관계이고, "나-너"의 관계는 타인을 그 자체로서 존엄한 인격적 주체이고 목적적 존재로 존중하는 관계이다. 대상세계와 맺는 관계의 양식은 자아 형성에 매우 중요한 의의가 있다. 타인을 내 이기적 목적 달성의 수단으로 생각하는 나와, 타인 그 자체를 존엄한 인격적 주체로 존중하는 내가 다르고, 나-그것 관계의 '나'와 나-너 관계의 '나'가 사뭇 다르기 때문이다. 전자가 타자를 이용하려는 이기적 자아(ego)라면, 후자는 타자를 존중하는 공존적이고 이타적 자아(person)이기 때문이다. 나-너의 관계에서 나는 타자와 전인적으로 결합(attach)되어 있으나, 나-그것의 관계에서 나는 타자와 분리(detach)되어 있다. 나-너(I-Thou)의 관계에서 나의 존재는 나와 타자 모두에 속한다고 볼 수 있으나, 나-

그것(I-It)의 관계에서 나의 존재는 나에게만 속할 뿐 타자에게는 속하지 않는다. 이와 같이 대상세계와 맺는 관계에 따라 나의 자아가 달라지기 때문에 관계가 중요하고, 그래서 부버는 "태초에 하나님이 천지를 창조하셨다"는 창세기 1장 1절을 패러디하여 "태초에 관계가 있었다"(Buber, 1970 : 69)는 표현을 사용한다.

요컨대, 인간관계는 "나-그것"의 관계와 "나-너"의 관계, 사물적 관계와 인격적 관계, 독백의 관계와 대화의 관계, 주관-객관의 관계와 상호주관적 관계, 이기적 관계와 이타적 관계 등으로 대립되는 두 가지 유형으로 구분할 수 있다는 것이다. 그러나 부버가 볼 때, 실제로 사람들은 누구나 이 두 가지 양식의 관계를 동시에 활용한다. 인간은 양면적 존재이기 때문에, 누구나 이기적이기도 하고 동시에 이타적이기도 하다. 달리 말해서, 전적으로 이기적인 사람도 없고, 전적으로 이타적인 사람도 없다는 것이다. 인간 존재는 야누스(Janus)처럼 양면성을 가지고 있다. 그러나 부버에 따르면, "보다 자기 지향적"이고 이기적인 사람이 있고, "보다 타자 지향적"이고 이타적인 사람이 있다는 것이다(Buber, 1970 : 114~115). 중요한 것은 우리가 사람을 두 가지 양식 중 어느 하나로 환원하지 않고 두 가지 양식을 동시에 구비한 전체적 모습 혹은 전인(whole person)으로 파악해야 한다는 것이다.

예컨대, 인간을 정신과 육체, 혹은 사유와 연장이라는 두 실체로 구분하는 데카르트의 이원론적 관점에 투철한 어떤 의사가 환자를 전인적으로 보지 않고, 환자의 몸을 물질 혹은 기계로 환원하고, 그 기계를 수리하는 것이 곧 의사의 소명이라고 생각하는 경우가 있을 것이다. 이러한

제9장 도구적 관계의 확산에 대한 부버의 규범적 성찰

의사가 환자를 대하는 관계는 "나-그것(I-It)"의 관계이다. 물론 이러한 임상적 관점이 의학적 지식의 발전에 기여하고, 환자의 고통을 완화시켜 준 공로는 부인할 수 없는 사실이다. 그러나 보다 인간적이고 따뜻한 대안적 치유모델이 필요하다는 주장도 있을 수 있다. 인간을 개념적으로는 정신과 육체로 분리할 수 있을지 모르나, 구체적 현실에 있어서 인간의 정신과 육체는 분리할 수 없는 원초적 통일을 이루고 있다고 보는 입장도 있다. 가브리엘 마르셀(Gabriel Marcel)이 주장한 것처럼, 정신이 몸에 육화(incarnation)되어 있다면, 사람의 피부 혹은 환부를 그냥 단백질 덩어리라고 볼 수 없을 것이다. 다시 말해서 인간은 정신과 육체, 이성과 감성이 분리될 수 없는 전인의 관점에서 파악해야 하고, 이러한 입장에 확고한 의사는 고통이 심한 환자의 마음을 감정이입적 자세로 공감하면서 완쾌될 수도 있다는 가능성에 대한 확신을 갖도록 노력하는 대화적 관계를 유지할 수 있을 것이다. 이러한 의사가 환자를 대하는 관계는 "나-너"의 관계라 할 수 있고, 보다 더 바람직한 치유관계의 대안적 모델이라고 할 수 있다(Scott & Scott, 2009). 이러한 "나-너" 관계는 의사와 환자 간의 관계뿐만 아니라 교사와 학생, 성직자와 신도, 동일자와 타자 사이에도 형성되어야 한다.

그러나 이러한 주장이 "나-너"의 관계는 가치가 있고, "나-그것"의 관계는 가치도 없고 무의미하다고 주장하는 것이 아니다. 나-그것(I-It)의 관계는 과학자들이 연구대상을 관찰, 분석, 측정하는 경우에 필수 불가결하고, 우리의 생존에도 필요하기 때문이다. 부버는 나무를 예를 들어 우리가 나무를 경험하는 다섯 가지 방식을 제시한다. 나무를 곧게 뻗은 주지와 초록 잎이 무성한 하나의 '그림'으로 보는 방법, 줄기에서 느끼는 수액의 흐름, 나뭇잎의 숨결, 뿌리가 물을 빨아올리는 것 같은 '운동'으로 경험하는 방식, 나무를 몇 가지 종으로 분류하고 '범주화'하는 방법, 나무의 생태를 어떤 '법칙'으로 추론하는 방법, 그리고 나무를 이루는 분자나 원자의 수량적 관계로 '분석'하는 방식 등이다(1970 : 57~58). 이와같이 도구적인 관찰, 경험 및 사용의 관계인 나-그것의 관계도 우리의 생존에 필요하지만, 대화적이고 인격적인 나-너의 관계없이 나-그것의 관계만으로 살아가는 것은 인간적 삶이 아니라는 것이다(Buber, 1970 : 85; Czubaroff, 2000 : 171). 그 이유는 무엇보다도 나-너(I-Thou) 관계는 타인을 대할 때 사람 그 자체를 목적으로 대해야 하고, 결코 수단으로 이용하지 않아야 한다는 칸트의 윤리적 준칙과 같기 때문이고, 정언명법으로 표현되는 이러한 윤리적 관점에 관한 한 부버도 칸트와 같은 입장이다(Buber, 1970 : 16).

편의상 나-그것(I-It)의 관계는 인간과 사물 사이의 비인격적 관계이고, 나-너(I-Thou)의 관계는 인간 상호간의 인격적 관계라고 생각할 수 있으나, 이러한 해석은 실제로 부버의 진정한 의도와는 상당히 다르다. 부버는 인간과 인간 사이뿐만 아니라, 경우에 따라서는 인간과 자연 사이에서도 나-너(I-Thou) 관계에 못지않은 진정한 교감이 형성될 수 있다고 보기 때문에, 그의 사상은 이해하기 어려운 표현이 많다(Buber, 1970 : 56~57). 다시 말해서, 인간과 사물의 관계도 항상 나-그것의 관계가 아니라, 때로는 "나-너(I-Thou)"의 관계로 도약할 수 있다는 것이다. 지성이면 감천이라는 우리의 옛 말처럼, 무슨 일을 하든 지극정성으로 하면 사물도 우리에게 응답한다는 것이다. 예컨대, 내가 심연을 집중해서 응시하면, 심연도 나를 응시한다거나, 나는 대리석 속에 천사를 보았고, 그 천사가 자유로워질 때까지 혼신의 열정으로 조각을 계속했다는 미켈란젤로의 명언에서도 우리는 내재적 가치에 몰두하는 활동을 통해서 인간과 자연, 인간과 사물 사이에도 나-너의 관계와 다를 바 없는 진정한 울림이나 만남이 실현된다는 사실을 직감할 수 있다.

자연과 인간 및 신(神)과 진정한 만남의 관계를 발전시킬 수 있고, 그래서 자연이나 사물 같은 다른 존재에게 "너(Thou)"라고 말할 수 있는 매우 유능하고 강력한 사람의 보기로 부버는 소크라테스, 괴테, 예수를 들고 있다(Buber, 1970 : 116). 소크라테스는 사람들에게 "너"라고 말할 수 있고 그들과 대화할 수 있는 놀라운 능력을 가진 사람이고, 예수는 신에게도 "너(the eternal Thou)"라고 말할 수 있고 그와 교류할 수 있는 놀라운 능력을 가진 사람이고, 괴테(Goethe)는 자연에게 "너"라고 말할 수 있고 자연과 교감할 수 있는 놀라운 능력을 가진 사람이다. 소크라테스나 괴테뿐만 아니라 누구든 자신이 수행하는 활동 그 자체의 내재적 가치를 느끼며 몰두하는 사람은 자연이나 사물과도 교감할 수 있고 진정한 만남을 형성할 수 있다는 것이다. 반면에 나폴레옹(Napoleon)은 수많은 사람들에게 구세주처럼 존경받았을지 모르나, 자신은 모든 사람을 자신의 목적 달성에 유용한 도구적 존재(It)로만 여겼을 뿐, 타인을 존엄한 인격적 주체로 존중할 능력이 없었다. 부버는 진정한 만남(encounter)이 있는 곳이면 어디서나 신을 만날 수 있다는 것이다(Buber, 1970 : 28 & 151).

2
신(神) 개념 : 내재와 초월

앞에서 본 것처럼, 부버의 종교적 대화의 철학은 두 가지 관계 즉 '나-그것'의 관계와 '나-너'의 관계에서 시작한다. 나-그것(I-It)의 관계는 진심을 드러내지 않는 도구적 관계이기 때문에 정신적으로 서로 분리된 상태의 독백적 관계인 반면, 나-너(I-Thou)의 관계는 서로를 진심으로 존중하는 진정한 대화의 관계를 뜻한다. 나-너의 관계에서는 이기적 목적보다는 상대편의 인격을 존중하는 것이 가장 중요하다. 나-너 관계의 윤리적 특성은 부버의 신 개념을 이해하는 데 매우 중요하다. 부버는 신을 "영원한 너(the eternal Thou)"라고 본다. 신은 결코 그것(It)으로 바뀔 수 없는 유일의 너(the only Thou)이기 때문이다. 다시 말해서, 타인과의 관계는 피할 수 없이 도구적 요소가 개입되나, 신과의 관계에서 신은 어떤 목적을 위한 수단으로 사용될 수 없기 때문이다.

뿐만 아니라, 나와 하나님의 관계는 내가 타자와 형성하는 모든 나-너(I-Thou) 관계의 근본으로 작용하고, 사람과 맺든 아니면 사물과 맺든 모

제9장 도구적 관계의 확산에 대한 부버의 규범적 성찰

든 나-너(I-Thou) 관계가 신과의 만남을 포함한다. 태초에 말씀이 계셨다는 성경말씀을 패러디한 것인지는 모르나, 부버는 "태초에 관계가 있었다"(1970 : 69)거나, "모든 현실적 삶은 만남"이라고 주장함으로써 개체보다 관계를 중요시한다. 부연하면, 자연과의 관계에서 느끼는 코스모스, 타인과의 관계에서 느끼는 에로스, 영적 존재와의 관계에서 직관하는 로고스 등 모든 영역과 모든 것에서 신의 숨결을 느낄 수 있다는 것이다(1970 : 150). 요컨대, 모든 관계에 신이 계신다고 믿는 부버의 이러한 신 개념을 범재신론(panentheism) 혹은 만유재신론이라고 부른다(Friedman, 1960).

범재신론(panentheism)은 범신론(pantheism)과 다르다. 그리스어로 'pan'은 '모든 것'이라는 뜻이고, 'en'은 '내부'라는 뜻이고, 'theos'는 '신'이라는 뜻이기 때문에, 범재신론(panentheism)은 모든 것이 신 안에 있다(All is in God)는 뜻이다. 그러나 범신론(pantheism)에는 'en'이 없기 때문에, 모든 것은 곧 신이라(all is God)는 뜻이다. 따라서 부버의 범재신론은 스피노자의 범신론과 다르다. 스피노자의 범신론은 예컨대, 신이 곧 인간을 뜻하고, 부버의 범재신론은 신 안에 인간이 포함된다는 뜻이다. 이와 같이 부버의 신 개념은 모든 것보다 더 큰 존재라는 초월성을 가지면서도, 모든 것 안에 신이 계신다는 내재성을 동시에 가지기 때문에, 내재성을 그 특징으로 하는 스피노자의 범신론과는 차이가 있다.

구체적으로 부버의 신 개념이 강조하는 것은 우리가 서로를 도구적으로 이용만 하고, 대상을 보는 관점이 사물화(It-world)되면(1970 : 143) 신도 우리를 떠난다는 것을 상징한다. 부버의 『신의 소멸(*The Eclipse of God*)』은 이러한 상징적 의미를 더욱 강조한 것이다. 물론 부버도 인간의 현실적 삶에 도구적 관점이 없을 수 없다는 사실은 인정하나, 경제적 이윤 추구나 정치적 권력의지가 인간의 기본적 품위를 황폐화시킬 정도로 타락하고 (1970 : 96~97), 우리의 구체적 삶이 신성을 심하게 모독할 정도가 되면 신은 우리를 떠난다는 것이다. 그러나 만약 우리가 서로의 인격을 존중하면서 진정한 대화적 삶을 영위하면 신은 우리의 삶에 내재한다는 것이다 (1970 : 28).

제9장 도구적 관계의 확산에 대한 부버의 규범적 성찰

3
소외와 탈소외

　　

현대사회는 이기적이고 도구적 관계는 확산되고, 이타적이고 인격적 관계는 찾아보기 어렵다는 것이다. 전자는 마음의 문은 닫아놓고 이용만 하는 이기적 관계이고, 후자는 마음의 문을 열고 진정으로 서로를 존중하는 이타적 관계이다. 현대 사회에 도구적 관계가 확산되는 현상은 인격적이어야 할 인간관계가 도구적 관계로 변질되어 사물화된다는 것이고, 삶의 현상형태가 그 규범적 궤도에서 심히 이탈한 심각한 소외 현상이 아닐 수 없다. 소외를 극복하는 방안은 사회에 만연된 도구적 관계를 극복하고 인격적 관계를 회복함으로써 인간의 본래적 실존을 되찾는 것이다. 교회에 열심히 다니는 것으로 만족하는 형식적 신앙을 한 단계 초월하여 타인에게 진정한 마음의 문을 열면 거기에 신이 내재하시고, 마음을 닫으면 신이 나를 외면한다고 생각해야 한다는 것이다. 나-너의 관계 속에 하나님이 계신다는 것이 부버의 핵심적 입장이다.

내가 타인을 내 목적 달성의 도구로 이용하려고 하면, 타인도 나를 도구로 이용하려 할 것이고, 결국은 우리 모두가 도구적 존재나 사물적 존재로 전락하게 된다. 부버는 이러한 상태를 간단히 "그것의 세계(It-world)"라고도 한다(Buber, 1970 : 96). 이렇게 되면 사물화와 소외가 만연되고 도구적 이성이 인간의 규범적 모습을 황폐화시킬 것이다. 부버는 이와 같이 삶의 현상형태가 그 규범적 궤도에서 이탈한 상태를 소외(alienation)라고 본다. 나와 너의 인격적 관계를 중요시하고 이타적인 자세로 사는 사람은 현저히 줄어들고, 나와 그것의 도구적 관계만 추구하고 이기적인 자세로 사는 사람이 절대 다수가 된다고 하면, 소외가 만연된 사회가 되는 것이다. 이러한 상태는 삶의 현상형태가 규범적 모습에서 심히 이탈한 상태이기 때문에 현대사회에 소외가 만연되었다는 것이다. 요컨대, 부버는 나와 너의 관계로 상징되는 인격적 관계는 사라지고, 나와 그것의 관계가 뜻하는 사물화가 만연되는 현상이 소외 혹은 사물화 현상이고, 나와 너의 인격적 관계를 복원하는 것을 탈소외(dealienation) 혹은 소외의 극복이라고 본다. 부버는 현대사회에 소외가 만연된 원인은 개인의 나약한 윤리적 심성보다는 사회의 구조적 문제 때문이라고 설명하고, 소외 극복의 방안을 제시할 때는 진정한 만남의 양식을 선택하는 개인의 자유로운 결단과 책임감을 강조하는 실존주의적 탈소외의 방안을 제시하고 있다.

부버는 경제조직과 관료조직을 움직이는 정신적 힘을 각기 "이윤의지 (the will to profit)"와 "권력의지(the will to power)"라고 본다(1970 : 98). 부버가 『나와 너』를 출간하던 20세기 초반의 자본주의 선발국들은 독점자본주의가 고도화됨으로써, "이윤의지"가 강력한 기업조직과 "권력의지"의 영역인 국가권력이 유착하여 제1차 세계대전의 참상을 초래할 정도로 제국주의적 욕망이 극단화되던 기간이었다. 인간의 이윤의지나 권력의지가 인간 상호간의 진정한 만남을 조장하고 진정한 관계 형성에 기여한다고 하면 이는 자연스럽고 정당화될 수 있는 것이다. 그러나 현실적으로 경제 영역의 이윤의지나 관료조직의 권력의지는 모두 설정된 목적 달성의 능률성만 추구하기 때문에, 기업가나 관료들은 조직구성원을 목적적 존재(Thou)가 아니라 도구적 존재(It)로 보는 경향이 뚜렷하다(Buber, 1970 : 96). 마찬가지로 조직구성원들도 자기들의 이기적 목적 달성에 대한 유용성이라는 관점에서 기업가나 관료를 대하게 될 것이다. 결국, 현대사회는 서로가 상대편을 인격적 주체(Thou)가 아니라 도구적 존재(It)로 떨어뜨리고, 인격적 주체로 존중해야 할 타인을 사물적 존재로 격하시키는 사물화된 사회이며 소외가 만연된 사회라는 것이다. 그래서 부버는 경제조직과 관료조직이 지배하는 현대사회를 "그것의 사회(It-world)"라 한다(1970 : 96 & 97). 이는 인간적 삶의 현상형태가 그 규범적 본질에서 현저히 이탈한 무의미한 상황이고 전형적인 소외 현상이다.

"그것의 사회(It-world)"는 사물의 세계와 같은 것이다. 사물의 세계에서 우리는 본래적 실존에서 소외된 존재이다. 타인이 나를 사물처럼 이용하고 조종하도록 허용하고, 마찬가지로 나도 타인을 이용하고 조종하기 때문이다. 다시 말해서, 내가 타인을 도구적 존재(It)로 이용하고 조종하면, 마찬가지로 타인도 나를 자신의 목적 달성에 유용한 도구(It)로 이용하고 조종할 것이고, 결국 우리 모두가 도구적 존재로 전락하게 되는 것이다. 이는 그 자체로서 존엄한 인격적이고 목적적 존재로 존중받아야 할 인간

존재가 도구적 합리성에 사로잡혀 하나의 도구나 수단으로 이용되고 조종되는 것(Buber, 1970 : 16)이고, 삶의 현상형태가 그 본질에서 벗어난 심각한 소외라 하지 않을 수 없다. 이러한 삶의 양식에서는, 우리는 수행하는 기능의 관점에서 우리 자신을 판단하는 경향이 있다. 예컨대, 내가 사원이나 공무원이라고 가정하고, 인간존재로서 나의 품위와 가치가 내가 수행하는 기능의 품위나 가치와 같다고 생각한다면 나는 나의 인간적 본질로부터 소외된 것이다. 그 이유는 사원 혹은 공무원으로서의 기능은 내가 자유롭게 선택한 것이라기보다는 목적합리적 행동을 수행하도록 결정되어 있는 것이기 때문이다. 다시 말해, 나의 가치는 나 자신이 그 원천이 아니라 타인으로부터 수동적으로 받은 것이기 때문이다.

이러한 심각한 소외의 상태를 벗어나는 방안은, 부버가 보기에는, 나-그것(I-It)의 관계를 극복하고 진정한 나-너(I-Thou)의 관계로 도약하는 것이다. 대상세계와 관계를 형성하는 두 가지 대립적 양식인 "나-그것의 관계"와 "나-너(I-Thou)의 관계", 비인격적 관계와 인격적 관계, 주관-객관의 관계와 상호주관의 관계, 독백의 관계와 대화의 관계, 경험과 이용의 양식과 진정한 만남의 양식 중 전자의 관점을 극복하고 후자의 관점을 선택하고 실천하는 것이 소외를 극복하는 길이다. 다시 말해서, 소외를 극복하기 위한 첫 단계는 관계의 두 가지 양식 중 후자를 선택하고 결단하는 것이다. 부버의 사상에서, 삶의 "기본어는 낱말이 아니고 짝말(word pairs)"이고(Buber, 1970 : 53), 따라서 어느 쪽을 선택하느냐에 따라 사물적 존재로 전락되느냐 인격적 존재로 도약하느냐를 결정하기 때문에 선택과 결단이 매우 중요하다. 진정한 만남의 관계를 선택하는 것은 소외를 극복하는 탈소외의 양식이고 그렇지 못한 삶은 인간의 본질로부터 소외된 삶이다.

4

부버의 철학적 인간학

『사람과 사람 사이(*Between Man and Man*)』(1965)에 실린 「인간이란 무엇인가」라는 제목의 논문에서 부버는 인간을 연구하는 자신의 입장을 철학적 인간학(philosophical anthropology)이라고 한다. 부버는 칸트가 제기한 네 가지 물음, "우리가 무엇을 알 수 있는가?" "우리가 무엇을 행해야 하는가?" "우리가 무엇을 바랄 수 있는가?" "인간이란 무엇인가?"를 인용하면서 이 논문을 시작한다. 부버가 보기에는 앞의 세 가지 물음은 결국 넷째 물음인 "인간이란 무엇인가"로 압축된다(Buber, 1965 : 121). 인간이란 무엇인가를 묻는 것은 구체적으로는 인간이 무엇을 알 수 있는가, 인간이 무엇을 행해야 하는가, 인간이 무엇을 바랄 수 있는가를 묻는 것과 같다고 보기 때문이다. 오늘날 이러한 문제가 세삼 제기되는 이유는 한편으로는 가정과 사회 및 인간관계에서 공존적 삶이 붕괴되고 있고, 다른 한편으로는 과학과 테크놀로지의 발달에 수반된 경제와 정치의 구조적 전환과 가공할 부작용과 위기 때문이라는 것이다(Buber, 1965 : 158~159).

이러한 위기를 해결하기 위한 두 가지 현실적 시도로 당시에는 개인주의와 집단주의가 활용되고 있으나, 부버는 이러한 시도를 거부한다. 자본주의 사회에 전형적인 개인주의는 인간을 자신의 관점에서만 보기 때문에 인간의 일부만 생각하는 입장이고, 국가사회주의독일노동자당(나치당) 같은 집단주의(collectivism)는 집단 전체만 생각하기 때문에 인간은 그 일부라고만 생각하기 때문이다. 개인주의와 집단주의는 모두 인간을 구체성과 전체성에서 파악하지 못하는 문제가 있다. 인간적 삶의 근본적 사실은 첫째로 추상적인 삶이 아니라 구체적이고 체험적인 경험이고, 둘째로는 개인 그 자체도 집단 그 자체도 아니고, 오직 인간과 인간의 공존적 관계라는 것이다. 인간 상호간의 관계도 피상적 관계가 아니라 전인적 만남의 관계, 다시 말해서 나-그것의 관계가 아니라 나-너의 관계라야 인간과 인간의 진정한 만남이요 공존적 만남의 관계라는 것이다. 따라서 "인간이란 무엇인가?"라는 물음에 대답하기 위해서는 공존적 만남의 과정을 그 구체성과 전체성에서 파악하는 철학적 인간학이 필요하다는 것이다(Buber, 1965 : 122).

부버가 생각하기에는 인간의 본질적 특징이 드러나는 영역은 사람과 사람 "사이"의 영역(the sphere of between)이라는 것이다(Buber, 1965 : 203). 사람과 사람 "사이"의 영역이 인간적 삶에 중요한 범주이고, 개인주의와 집단주의의 문제점을 동시에 극복할 수 있는 제3의 대안이 시작되는 곳이다. 다시 말해서, 나(I)와 너(Thou) 사이에 진정한 만남이 이루어지는 곳이 "사이"의 영역이고, 사람과 사람 "사이"가 바로 철학적 인간학의 출발이다(Buber, 1965 : 204). 나-너(I-Thou)의 관계가 진정한 대화의 관계이고, 이 관계의 특징이 사람과 사람 "사이"에 있기 때문에 부버의 철학적 인간학은 대화철학의 발전이요 연장이라 할 수 있다. 부버는 철학적 인간학의 핵심은 대화이고, 이는 『나와 너(*I and Thou*)』 혹은 『사람과 사람 사이(*Between Man and Man*)』 같은 그의 저서를 통해 널리 알려져 있다. 요컨대, 인간의 본질은 대화의 능력에 있고, 이러한 능력이 일상적으로는 인간 상호간의 대화와 만남에서 나타나고, 궁극적으로는 인간과 신 간의 영원한 대화(the eternal dialogue) 혹은 만남에서 드러난다는 것이다(Berger, 1983). 인간됨의 궁극적 본질에 대한 이러한 결론은 논리적이라기보다는 은유적이고 상징적이기 때문에, 이를 이해하기 위해서는 부버 특유의 하시디즘을 이해할 필요가 있다.

5
하시디즘과 만남

부버(Martin Buber)는 오스트리아 빈에서 태어났다. 그의 부모는 부버가 세 살 때 이혼을 하게 되어 어린 부버는 조부모 댁에서 살게 되었다. 부버는 세 살 때 자기를 버리고 떠난 어머니를 30대 초반이 되어서야 딱 한 번 만나게 되었는데, 이 만남은 아니 만난 것보다 못한 만남이었고, 그래서 부버에게 역설적으로 진정한 만남의 의미를 성찰할 수 있는 기회를 제공했다고 한다(Scott, 2019). 그러나 다행히도 부버의 할아버지 솔로몬 부버는 저명한 유대교 학자였기 때문에 할아버지를 통해 풍부한 정신적 기반을 닦을 수 있었고, 이것이 나중에 그의 사상적 기반을 확립하는 데 큰 힘이 되었다. 부버는 빈대학에서 대학생활을 시작하였고, 1897년에서 1899년까지는 독일의 라이프치히대학에서 철학과 예술사 및 정신분석에 관련된 강의를 들었다. 1899년에서 1901년까지는 베를린대학에서 딜타이(Dilthey)와 짐멜(Simmel)의 강의를 들었다. 부버는 26세가 되던 1904년부터 약 5년 동안 하시디즘에 대한 본격적 연구를 수행함으로써 유대사상가로 명성을 확립하게 되었다.

하시디즘(hasidism)은 18세기 중엽에 폴란드와 우크라이나의 유대교도 사이에서 처음 일어난 유대교 신앙 부흥운동으로 정통 유대교의 한 종파이다. 모든 정통 유대교도들(Jews)은 구약성서의 창세기, 출애굽기, 레위기, 민수기, 신명기를 하나님의 백성으로 살아갈 길을 밝힌 가장 중요한 가르침이라고 생각한다. 이를 모세 5경, 모세 율법, 혹은 간단히 율법이라고도 하고 토라(Torah)라고도 부른다. 토라는 가르침 혹은 율법을 뜻하는 히브리어이고, 토라를 전문적으로 연구한 것을 탈무드(Talmud)라 한다. 어떻든 유대인들이 따라야 할 엄격한 율법을 연구하는 것은 주로 성직자나 율법사를 뜻하는 랍비(rabbi)의 영역이었다. 그래서 상류계층의 유대인들은 율법을 연구하고 가르치는 일에 몰두하고 거기서 나름의 위안을 얻을 수 있지만, 교육 수준이 낮은 궁핍한 유대인 대중은 유대교 신앙생활의 새로운 길 같은 것을 갈구하고 있었다.

이들 평범한 유대인 대중에게는 다행스럽게도 하시디즘의 창시자인 바알 셈 토브(Baal Shem Tov)가 유대교 신앙생활을 민주화하는 데 크게 기여하였다. 민주적 개혁의 원칙을 간단히 요약하면, 엄격한 율법 중심의 종교적 의식이 중요한 것이 아니라, 현실적 삶을 통한 사랑의 실천이 참된 신앙의 본질이고 사랑의 실천을 통해서 하나님께 가까이 다가갈 수 있다는 것이다. 초기의 하시디즘 운동은 유대교 신앙생활의 새로운 관점을 제시함으로써 18세기 유럽의 가난하고 억압된 유대인들을 격려할 수 있었다. 유대교 신앙생활의 새로운 관점은 종교의 본질이 이성(reason)이 아니라 감정(sentiment)에 있다는 것이고, 형식적 종교 의식(rituals)을 따르기보다는 타인과 진정한 만남을 통해서 하나님과의 영적 교섭을 강화하는 것이다. 요컨대, 하시디즘의 기본적 신조는 첫째로, 나와 타자 간의 진정한 만남을 통해서 나와 하나님 간의 영적 교섭(communion)이 가능하다는 것이고, 둘째로, 모든 피조물 안에 신이 계신다는 범재신론(panentheism)이다(Katz, 2018).

● 국내문헌

강영안, 『타인의 얼굴 : 레비나스의 철학』, 문학과지성사, 2005.
김연숙, 『레비나스의 타자 윤리학』, 인간사랑, 2001.
남정길, 「마틴 부버의 대화 연구」, 『철학 연구』 제15집, 대구 : 형설출판사, 1972.
문성원, 『타자의 욕망』, 현암사, 2017.
윤원준, 「신의 음성과 책임 : 레비나스와 데리다의 생각 속에 케에르케고르적 윤리」, 『한국조직신학논총』 제28집, 2010, 149~176쪽.
데리다, 『글쓰기와 차이』, 남수인 역, 동문선, 2001.
보드리야르, 『시뮬라시옹』, 하태환 역, 민음사, 2001.
──────, 『소비의 사회 : 그 신화와 구조』, 이상률 역, 문예출판사, 2004.
키르케고르, 『죽음에 이르는 병』, 임규정 역, 한길사, 2007.
──────, 『공포와 전율/ 반복』, 임춘갑 역, 다산글방, 2007.

● 외국문헌

Abdullah, A., "Book Review on Dalton's Longing for the Other: Levinas and metaphysical desire", *Journal of French and Francophone Philosophy*, 19: 1, 2011.

Baudrillard, J., *Simulacra and Simulation*, Ann Arbor: The University of Michigan Press, 1994.

─────────, *The Consumer Society:Myths and Structures*. London: Sage, 1998.

Best, S. and Kellner, D., *Postmodern Theory: Critical Interrogations*, New York: MacMillan and Guilford Press, 1991.

Ben-Pazi, H., "Emmanuel Levinas: Hermeneutics, ethics, and art, *Journal of Literature and Art Studies*, 5: 8, 2015, pp. 588~600.

Berger, P., "The New York Times: Book Review on Friedman's Martin", *Buber's Life and Work*, Retrieved from ⟨https://www.nytimes.com/1983/07/31⟩.

Biesta, G., "Learning from Levinas: A response", *Studies in philosophy and education*, 22: 61~68, 2003.

Buber, M, *Between man and man*, Trans. by Ronald Gregor Smith, Routledge, 1965.

─────────, *I and Thou*, Trans. by Walter Kaufmann, New York: Charles Scribner's Sons, 1970.

Critchley, S., "Introduction", S. Critchley & R. Bernasconi(eds.), *The Cambridge Companion to Levinas*, Cambridge University Press, 2004.

─────────, *The ethics of deconstruction*, Third Edition, Edinburgh University Press, 2014.

Czubaroff, J., "Dialogical rhetoric: An application of Martin Buber's philosophy of dialogue", *Quarterly Journal of Speech*, 86: 2, 2000, pp.168~189.

Dalton, D., *Longing for the Other:Levinas and metaphysical desire*, Pittsburgh: Duquesne University Press, 2009.

Derrida, J., "Violence and metaphysics: An essay on the thought of Emmanuel Levinas, Derrida, J.", *Writing and difference*, The Univ. of Chicago Press. 1978, pp.79~153.

─────────, *Specters of Marx*, tr. P. Kamuf, London: Routledge, 1994.

─────────, *The politics of friendship*, tr. G. Collins, London: Verso, 1997.

인간소외의 성찰

——————, "Marx and Sons", transl. by Kelly Barry, in Michael Sprinker: *Ghostly Demarcations. A Symposium on Jacques Derrida's Specters of Marx*, London & New York: Verso, 1999.

——————, *Adieu to Emmanuel Levinas*, trans. by Pascale-Anne Brault and Micheal Naas, Stanford University Press, 1999.

——————, "Hospitality, justice and responsibility: A dialogue with Jacques Derrida", in R. Kearney and M. Dooley(eds), *Questioning ethics: Contemporary debates in philosophy*, London: Routledge, 1999. pp.65~83.

——————, *Of hospitality. Anne Dufourmantelle invites Jacques Derrida to respond*, trans. by Rachel Bowlby, Stanford University Press, 2000.

——————, *Negotiations. Interventions and Interviews 1971-2001*, edited, trans., and with an introduction by Elizabeth Rottenberg, Stanford University Press, 2002.

——————, "Autoimmunity: real and symbolic suicides", *Philosophy in a time of terror*, ed. Giovanna Borradori, Chicago: University of Chicago Press. 2003.

Derrida, J., *On Cosmopolitanism and Forgiveness*, trans. by Mark Dooley and Richard Kearney, New York: Routledge, 2005.

Evans, D., *An introductory dictionary of Lacanian psychoanalysis*, London and New York: Routledge, 1996.

Evink, Eddo, "On transcendental violence", Staudigl, M.(ed.), *Phenomenology of violence*, Boston: Koninklijke Brill, 2014, pp.65~80.

Felluga, D., "Modules on Marx: On Fetishism", *Introductory Guide to Critical Theory*, Purdue University, Last update: Jan. 31, 2011. ⟨http://www.purdue.edu/guidetotheory/marxism/modules/marxfetishism.html⟩

Feuerbach, Ludwig, *The essence of Christianity*, trans by George Eliot, New York: Harper & Row, 1957[1841].

Filipovic, Z., "Introduction to Emmanuel Levinas: "After you, sir!"", *Moderna spark*, 2011: 1, pp.58~73.

Freud, S., "A Note upon the "Mystic Writing Pad"", in Freud, S.(1963), *General Psychological Theory*, New York: Collier Pub, 1925, Chapter XIII, pp.207~212.

Friedmann, M., *Martin Buber: The Life of Dialogue*, New York: Harper Torch Books, 1960.

Fromm, E., *The Concept of Man*, London: Continuum Publishing Company, 2004.

Fryer, D. R., *The intervention of the Other: Ethical subjectivity in Levinas and Lacan*, New York: Other Press, 2004.

Gale, T., "Pantheism and Panentheism", *Encyclopedia of Religion*, Encyclopedia.com, 2005. ⟨https://www.encyclopedia.com/environment/encyclope-dias−almanacs−transcripts−and−maps/pantheism−and−panentheism⟩

Gooch, Todd, "Ludwig Feuerbach", *Stanford Encyclopedia of Philosophy*, Stanford University, 2016.

Habib, M.M., "Culture and consumption in Jean Baudrillard: A postmodern perspective", *Asian Social Science*, 14: 9, 2018. pp.43~46.

Hannan, C., Review article on Amit Pinchevski's "By way of interruption: Levinas and the ethics of communication," *Canadian Journal of Communication*, Vol 33(2), 2008, pp.347~348.

Harvey, Van A., "Ludwig Feuerbach", *Stanford Encyclopedia of Philosophy*, Stanford University, 2007.

Johnson, A., "Jacques Lacan", *Stanford Encyclopedia of Philosophy*, 2018. ⟨http://plato.stanford.edu/entries/lacan substantive revision Tue Jul 10, 2018.⟩

Kakoliris, G., "Jacques Derrida on the ethics of hospitality", E. Imafidon(ed.), *The ethics of subjectivity*, Palgrave Macmillan, 2015. pp.144~156.

Katz, C.E. "The Voice of God and the Face of the Other," *The Journal of Textual Reasoning*, 2: 1(June 2003). ⟨http://etext.lib.virginia.edu/⟩

인간소외의 성찰

Katz, Lisa, "Understanding Hasidic Jews and Ultra-Orthodox Judaism", Retrieved August 5, 2019 from https://www.learnreligions.com/hasidic-ultra-orthodox-judaism-2076297(Updated September 03, 2018)

Kellner, D., *Jean Baudrilliard from Marxism to Postmodernism and Beyond*, Stanford: Stanford University Press, 1989.

Kierkegaard, S., *Fear and trembling with The sickness unto death*(Trans. Walter Lowrie), New York: Doubleday and Co., 1954.

────────, *Fear and trembling*(Evans, C.S., & Walsh, S., Eds.), Cambridge: Cambridge University Press., 2006(Original work published 1843).

Kleitner, R., "Specters of Derrida: Occupy wall street and the politics of deconstruction", *The Montreal Review*, July 2012.

Lacan, J., *Écrits: The first complete edition in English*, transl. by Bruce Fink, New York: W.W. Norton & Co., 2006.

Lavine, T.Z., *From Socrates to Sartre: The philosophical quest*, New York: Bantam Books, 1984.

Leitch, V.B., "The politics of Sovereignty", *Critical Inquiry*, 33(Winter), 2007, pp.229~247.

Levinas, E., *Totality and infinity: An essay on exteriority*, The Hague: Martinus Nijhoff Publishers, 1961/1979.

────────, "Martin Buber and the theory of knowledge", In P. Schilpp & M. Friedman(Eds.), *The philosophy of Martin Buber*. La Salle, IL: Open Court Press, 1967, pp.133~150.

────────, *Otherwise than being or beyond essence*, Pittsburgh: Duquesne University Press, 1974/1998.

────────, *Ethics and infinity. Conversations with Philippe Nemo*, Pittsburgh: Duquesne University Press, 1985.

────────, "Philosophy and the idea of infinity", *Collected philosophical papers*, translated by Lingis, A. Boston: Martinus Nijhoff Publishers, 1987, pp.47~60.

──────, *Entre nous: On thinking of the other*, New York: Columbia University Press, 1998.

──────, *Difficult Freedom: Essays on Judaism*, The Johns Hopkins University Press, 1990.

MacGregor, K., (Review) Backhouse, S.(2016). "Kierkegaard: A single life", Grand Rapids, MI: Zondervain, *Philosophia Christi*, 2017, June, pp.242~244.

Maloney, T.S., "Soren Aaby Kierkegaard", *Boston Collaborative Encyclopedia of Western Theology*, 2002.

Marcuse H., "Eros and Civilization: A Philosophical Inquiry into Freud", 1955.

──────, "One-Dimensional Man: Studies in the Ideology of Advanced Industrial Society", 1964.

Marx, K., "Economic and philosophical manuscripts"(1844), Karl Marx, *Early Writings,* trans. by R. Livingstone and G. Benton, New York: Vintage Books, 1975.

Marx, K. and F. Engels, *The German Ideology,* New York: International Pub, 1970.

Matson, W. *A new history of philosophy (Volume II): From Descartes to Searle*, Harcourt, Orlando, 2000.

Michau, M.R., The ethical and religious revelation of the Akedah, *The International Journal of Philosophy*, Vol. 9, 2005.

O'Dubbian, Amelia, "A summary of the consumer society", 2009. ⟨https://lowanna. weebly.com/the-consumer-society-myths-and-structures. html.⟩

O'Gorman, K.D., "Jacques Derrida's philosphy of hospitality", *Hospitality Review*, 8(4), 2006, pp.50~57.

Overgaard, S., "The ethical residue of language in Levinas and early Wittgenstein",

Philosophy &social criticism, 33(2), 2007, pp.223~249.

Peperzak, A.T., "From Intentionality to Responsibility: On Levinas's Philosophy of Language," Dallery, A.B. & Scott, C.E.(Ed.), *The Question of the Other:Essays in Contemporary Continental Philosophy*, SUNY Press, 1989.

————, *To the other:An introduction to the philosophy of Emmanuel Levinas*. West Lafayette, Indiana: Purdue University Press, 1993.

————, *Beyond: The philosophy of Emmanuel Levinas*, Evanston: Northwestern University Press, 1997.

Pinchevski, A., *By way of interruption:Levinas and ethics of communication*, Pittsburg: Duquesne University Press, 2005.

Powell, J., *Derrida for beginners*, New York: Writers and Readers Publishing, 1997.

Rat, R., "Saying fraternity", *Political perspectives*, 7: 2, 2013, pp.106~123.

Reynolds, J., "Jacques Derrida", *Internet Encyclopedia of Philosophy*, 2006. 〈http://www.iep.utm.edu/derrida〉

Sayers, Sean, "Alienation as a critical concept", *Marx and alienation:Essays on Hegelian themes*, London: Palgrave macmillan, 2011.

————, "Creative activity and alienation in Hegel and Marx", *Marx and alienation:Essays on Hegelian themes*, London: Palgrave macmillan, 2011.

Scott, Sarah, "Martin Buber," *The Internet Encyclopedia of Philosophy*, 2019, ISSN 2161-0002. Retrieved August 5, 2019 from http://www.iep.utm.edu.

Scott, J.G. & Scott, R.G., "Healing relationships and the existential philosophy of Martin Buber", *Philosophy, Ethics, and Humanities in Medicine*, 2009, 4: 11.

SparkNotes Editors, "SparkNote on Søren Kierkegaard: Either/Or", 2005. Retrieved July 17, 2019, from http://www.sparknotes.com/philosophy/kierkegaard.

————, "SparkNote on Søren Kierkegaard: Themes, Arguments, and

Ideas", 2005. Retrieved July 17, 2019, from http://www.sparknotes.com/philosophy/kierkegaard.

Tjaya, T.H., *Totality, the other, the infinity: The relation between ethics and religion in the thought of Emmanuel Levinas*, Unpublished doctoral dissertation, Boston College, Boston, 2009.

Vogel, L., "Emmanuel Levinas and the Judaism of the Good Samaritan", *Levinas Studies,* Volume 3, 2008, pp.1~21.

Weber, M., *The Protestant Ethic and the Spirit of Capitalism*, Translated by Talcott Parsons, Introduction by Antony Giddens, New York: Charles Scribner's Sons, 1976.

Wildman, W., "Ludwig Feuerbach", *Boston Collaborative Encyclopedia of Western Theology*, 1994. 〈http://people.bu.edu/wwildman/bce/feuerbach.htm〉

Wolny, R.W., "Hyperreality and simulacrum: Jean Baudrillard and European postmodenism", *European Journal of Interdisciplinary Studies*, 3: 3, 2017, pp.75~79.

Zank, M. & Braiterman, Z., "Martin Buber", *The Stanford Encyclopedia of Philosophy*, 2014. 〈https://plato.stanford.edu/archives/win2014/entries/buber/〉

용어 및 인명

도서 및 작품

인간소외의 성찰

인쇄 · 2019년 11월 27일
발행 · 2019년 12월 5일

지은이 · 전 경 갑
펴낸이 · 한 봉 숙
펴낸곳 · 푸른사상사

주간 · 맹문재 | 편집 · 지순이 | 교정 · 김수란
등록 · 1999년 7월 8일 제2-2876호
주소 · 경기도 파주시 회동길 337-16 푸른사상사
대표전화 · 031) 955-9111(2) | 팩시밀리 · 031) 955-9114
이메일 · prun21c@hanmail.net
홈페이지 · http://www.prun21c.com

ISBN 979-11-308-1481-0   93160
값 20,000원